22%に秘められた真実

Because I wanted to!

サイキック
Setsu（節）

占術研究家
隈本健一

ARI占星学総合研究所
祖父江恵子

はじめに

あなたは見えない世界を信じますか？

幽霊、魂、前世、オーラ、チャクラ、見えないエネルギー・・・。

毎年必ず初詣に行き、神社で神頼みをするときは真剣にお願いしているという人、お仏壇やお墓で、亡くなったおじいさんやおばあさんに話しかけるという人も少なくないでしょう。

また、急に亡くなったご家族やお友達に、伝えることができなかった思いを伝えたいという後悔の念を持っていらっしゃる方もいるでしょう。

科学が発展した物質文明の中で生きている私たちですが、そうした目に見えない世界の存在を完全に否定することはできず、むしろ自然に生活の中に取り入れている人の方が多いかもしれません。

では、人間の運命は決まっていると思いますか？

「そんなことがあるわけがない」と思われているかもしれません。神社のおみくじで今年の運勢を占ってみたり、テレビや雑誌の占いコーナーに目を留めることはあっても、人間の運命が前もって決まっているとまで思っている人は少ないでしょう。

でも、私には素敵な彼氏ができるのか、いつ結婚できるのか、この病気は治るのか、転職した方がいいのか、はたまた離婚した方がいいのか。占い師にそんな相談をする方は、実は少なくはないのです。

本書では、世界各国の超有名人を顧客に持つ、ニューヨーク在住のサイキック（霊能者）である節（Setsu）さんと、長年にわたり、西洋占星術、九星気学、四柱推命、人相、手相・・・と、数多くの占術を研究し、その占いの的中率の高さに定評があるだけでなく、スピリチュアル、つまり精神世界のことにも精通しておられる隈本健一先生のお二人に、見えない世界の真実についてお話をうかがいました。

節さんはニューヨークに住んでおられる日本人のサイキックです。

「サイキック」という言葉は、日本ではあまり馴染みがないかもしれませんが、「霊能力者」

のことです。

節さんは、生まれながらに特殊な能力をお持ちで、いわゆる幽霊などの霊や、さまざまなものに流れているエネルギーなど、普通の人には見えないものが見え、人々に天からのメッセージを伝えたり、さまよう霊を天に上げるというお役目を持っておられるとのことです。

亡くなった魂との交流を助けてくださったり、家にいるさまざまな状況にある霊を天へ上げ、守りをつけてくださるといったことだけでなく、人の写真を見ると、その人物がどういう人なのか、何を考えているかといった情報を瞬時に受け取ることができ、悩んでいる人に対し、その人を守っている存在からのメッセージを伝え、人々を悩みや迷い、苦しみから救ってくださるのです。

また、実際に節さんのセッションを受けてみると、節さんの指摘されることが、非常に正確で、的確で、具体的で、実践的であり、かつ深く温かい愛に溢れているため、多くの人々が節さんを頼り、何度もアドバイスを求める理由がよくわかります。

節さんのクライアントさんの中には、世界中の誰もが知っているような有名人もいて、節さんがどれだけ多くの人々の助けになっているかを物語っています。

一方、隈本健一先生は、知識の泉なのです。

もちろん占い師としても超一流で、さまざまな占術を駆使した、正確で具体的な占い結果と、誠実なアドバイスには定評があり、隈本先生の占い鑑定はいつも一～二年待ちです。また、幅広い知識と分かりやすく面白い講義で、占いの講師としても大人気です。

でも、それだけではなく、ご本人が若い頃に覚醒体験をされたことがあることもあり、精神世界のことにも非常にお詳しいのです。

幽霊はいるのか、前世はあるのか、未来は決まっているのか、宇宙はどうなっているのか、天国や地獄はあるのか、人間とはいったい何なのか・・・。

こうした尽きない疑問を、見えない世界を見ている節さんと、見えない世界を研究し尽くした隈本先生のお二人に、徹底的にお聞きしてみました。

その結果、私たちは全体の一部であること、ワンネスであることを再認識し、そんな私たちが、今、この地球でなすべきことは何なのか。そういう基本に立ち返ることになったのです。

見えない世界の真実に触れ、そして、地球がもっと素敵なところになるように、あなたが、そしてみんながもっとハッピーになれるように、多くの方々に読んでいただければ幸いです。

ＡＲＩ占星学総合研究所　代表　祖父江 恵子

目次

第一章

霊能力をもって生まれた

第一節　節さんの霊能力

祖父江　隈本先生は先日、節さんを占い鑑定されましたが、いかがでしたか？

隈本　僕が一番驚いたのは、占星術には「霊視能力」や「魔法のような力」を表すといわれる星の配置があり、節さんはなんと、その両方を持っておられるのです。

ですから、ホロスコープを拝見した後、節さんにお会いするのがとても楽しみでした。

祖父江　隈本先生は人相や手相も使われるので、節さんのお顔や手をご覧になりたかったのでしょう？

隈本　そうです。お会いしてすぐに、まず顔と手を拝見しました。すると、それも素晴らしかったのです。

お顔の素晴らしいところは、額のところが少し段違いになっているところです。これも霊能力に関係するのです。

左手の直観線も立派です。普通の人にはないもので、滅多にありません。

生年月日からホロスコープを見たところ、驚くようなホロスコープでしたので、絶対にお顔や手にも出ているだろうと思って、半分研究心で、お会いするのを楽しみにしていたのです。

祖父江　私も節さんのホロスコープを拝見したときはとても驚きましたが、左手の直観線とおでこにも表れているのですね。

隈本　そうです。予想通りで本当に素晴らしかったです。

ホロスコープでは星の配置の意味を読み取っていくのですが、その意味は、もちろん最初から決まっていたのではありません。占星術には三千年以上の歴史があり、その歴史の中で、節さんのような能力のある人が何人も研究対象となったのでしょう。そして、そういう人にはどういうパターンがあるのかということが長年研究され、さまざまなパターンが整理され、そして現在に至っているのです。経験を蓄積したものなのです。これまでも、霊能力を持った方のホロスコープに同じような星の配置があったということです。

僕のような霊能力のない人間が霊能力のある人に解説するのは釈迦に説法なのですが、節さんは、どちらかというと、自分というエゴが後退していって能力を発揮するタイプだと思います。

エゴ（注）、つまり自我がそのままの状態でそうした能力を発揮するのではないようです。節さんは「上に行く（注）」とおっしゃっていましたが、エゴがどこかに行ってしまってから、能力を発揮するタイプですね。

（注）エゴとは、利己主義、自分中心的なことを指す場合によく使われる言葉ですが、心理学的には「自分」という存在を指す「自我」、「自分という意識」という意味を持ちます。

（注）節さんは、「天」、「上」、「宇宙」、「大宇宙」といった言葉で、魂が浄化されて上がっていった先の見えない世界のことを話されます。本書の中では同じ意味となります。

祖父江　節さんがリーディングをされるときのことですね。リーディングの内容を忘れてしまうというのはそのせいなのですね。

隈本　そういう方の場合は、自分のことが後回しになりがちです。それは人間としての立場からいうと問題なのです。あまりやりすぎると、身体がおかしくなってしまいます。

霊能力にはさまざまな分類方法がありますが、一般的には、憑依型（ひょういがた）と脱魂型（だっこんがた）という二種類があります。何かが憑依して話すのか、魂がどこかに行って話すのかという違いです。

節さんの場合は、脱魂型ということになりますね。

祖父江　節さんは、人間はボディ（肉体）とハート（感情）とソウル（魂）とマインド（思考）の四つでできているとおっしゃいますよね。そのソウル、つまり魂が、ボディから離れて語り始めるということですね。

第二節　節さんのリーディング

祖父江 恵子

節さんはクライアントと一対一でリーディングをされます。対面でも行いますが、節さんご自身がニューヨークに在住されているため、日本にいるクライアントとはビデオ通話を使ってのリーディングが多くなります。

時間になると、パソコンの画面に節さんが満面の笑みで「こんにちは～」と登場されます。その声と笑顔から、節さんの優しくて懐の深いお人柄が伝わってきます。霊能力者にリーディングしてもらうなどと言うと、緊張してしまう人もいるかもしれませんが、緊張する必要は全くありません。

節さんはクライアントの家族や仕事関係の人、友人など、クライアントが見てほしいと思っている人の写真を見てリーディングされます。クライアントの顔や、関係者の写真を見ることで、その人たちの状態をとても具体的に読み取っていくのです。

節さんが写真から読み取る内容は驚くべきものです。

私たちは身近な人たちと交流するとき、その人がどんなことを考えているのか、どういうふうに感じているのか等、勝手に想像しますが、私たちの想像は、あくまでも自分のフィルターを通したものです。自分の性格、考え方、感じ方、行動の仕方、価値観、優先順位・・・そのような自分というフィルターを通して相手の気持ちを想像してしまうので、本当に相手が考えていること、感じていることと全く違っている場合があるのです。

それを節さんは、いとも簡単に、「この人はこう思っている」とズバリ言い当てるのです。その内容は自分が想像していたものとは全く違っていることもありますが、言われてみたら、なるほどと納得する内容なのです。

例えば、この人にこんなにつまらない雑用を頼んだら、失礼に当たるのではないかと心配していたとします。それは自分がつまらない雑用を頼まれた場合、自分を低く見られていると感じ、もっとやりがいを感じられる大きな仕事を任されたいと思っているから、他の人も同じように思うだろうと考えてしまっているからかもしれないのです。でも、誰しもがそのように感じているわけではありません。節さんに写真を見せると、「この人は難しいことを頼まれるのは面倒だと思っていますよ。つまらないことは嫌だなんて全く思っていません」とはっきり。

「この人はこの人と仲が悪いから、仕事を辞めたいと思っている」、「この人はあなたのことを全く思っていない」、「この人は今、お金のことがとても気になっている」等々。まるでその人を直接知っていて、裏で話を聞いてきたかのように、具体的なことをズバズバおっしゃいます。

そして、亡くなっている方のメッセージも届けてくださいます。「今、ここにこういう方がいらっしゃっていて、こういうことをおっしゃっています」と、節さんが知るはずもないプライベートなメッセージを届けてくれます。

また、その人を守ってくれている存在、いわゆる守護霊からのメッセージも届けてくれます。節さんとお話をしていると、突然、「今、守ってくださっている方がこんなことを言われました」と、ときに突拍子もないことを、ときにとても必要な言葉を届けてくれることがあります。節さんにリーディングをしていただくようになって、回数を重ねれば重ねるほど、守護霊様も慣れてくるのか、節さんを通じていろいろなメッセージを届けてくれるようになってきた気がします。

クライアントから見ると、節さん自身がリーディング中に別の人のように変わってしまうということはありません。でも、ご本人は、リーディングを始め、「天とつながっている」間のことは、あとで思い出せなくなるのだそうです。

また、節さんはクレンジング（注）もしてくださいます。クレンジングというのは、その人やその人の自宅、会社などにいる不要な霊などを天に上げ、浄化してくださることです。

節さんには距離は関係がなく、ビデオ通話でも、その場所を映すとそこにいる霊などが見え、その霊たちを天に上げることができるのだそうです。

節さんのクレンジングを受けると、スペースが浄化され会社の売上が上がるといった実体験から、毎年、オフィスのクレンジングを頼まれる社長さんもたくさんいらっしゃるとか。

一体、節さんにはどんな世界が見えているのか、そして、この世界とは、宇宙とは、命とは、私たち人間とは、いったいどういう存在なのだろうかと、興味が尽きなくなるのです。

（注）ONENESS IN LOVE INC. が提供しているセッションの中には、エナジークレンジングとスペースクレンジングがあります。エナジークレンジングは、心身のエネルギーを浄化します。スペースクレンジングは、ご自宅や職場などの場を浄化し、エネルギーを最大に上げて、守りをつけます。さまよっている霊がいる場合は天に上げます。その場が活性化され、明るくなり、ポジティブなエネルギーで満たされ、セッション後は、より快適に、幸せに過ごしていただけます。（ONENESS IN LOVE INC. より）

クライアントさんのご感想（1）

「子供の頃からずっと繰り返し見続けていた不思議な夢についての個人リーディングセッションを終えて」

東京　K様

節さんがリーディングで説明してくださった、私が見続けていた不思議な夢の解釈は決してハッピーなお話ではありませんでしたが、私はショックを受けることなく聞くことができました。それはおそらく、私が子供の頃から抱えていた不安や、平和な世の中への渇望など、一つ一つを解いてくれるものだったからではないかと思います。そして何より、節さんだったからだと思います。節さんではない方からこの話を聞いても信じなかったように思いますし、そもそも節さんでなければこんな話は聞けなかったでしょう。節さんといる間に、私は幼かった頃の自分に戻っていました。最近の生活では忘れかけていたような、遠い昔に抱いていた思いが生々しく甦ってきました。翌日、私は激しい眠気に襲われました。それは、とても抵抗できるような眠気ではなく、いつもなら宵っ張りな私が、早々に床につき、深く深く眠りました。

今回、節さんのセッションを受けた私がお伝えしたいことは、節さんに会えて、とても嬉しかったということ、長年見続けた不思議な夢の話を真剣に聞いていただけ、その夢は私の前世と関係しているというお話を聞けたこと、私は節さんに温かく優しく包まれました。

子供達も大きくなり、私の手を離れつつあります。これから自分の人生をどうやって過ごして行こうかと考えている私に、色々なヒントとパワーを与えていただきました。文字にすると簡単になってしまいますが、セッションに心から感謝しています。節さんに出会えて本当に良かったです。このご縁を引き続き、大切にしていきたいと願っております。

節さんのブログから抜粋「Real light」

二〇一一年一月二十七日のブログから一部抜粋

私が心がけていることは、ただただ誠実にお仕事をさせていただくことです。メッセージを正しく受け取り、正しく理解し、正しくお伝えできるようにと毎日祈っています。

人間は一人では生きていけません。足を進める方向、目を向ける方向を誰かに相談することは、弱いことでも間違っていることでもありません。メッセージはいろんな形であなたの元に届きます。

それを、私を通して知ることになる方は、必ず私のところに来られます。そして、その時が聞くタイミングなのです。

なので、どうか遠慮せず、自分ひとりで抱え込まず、一緒に道を探していきましょう。

大宇宙からの愛のメッセージを受け取り、顔を上に向けて、微笑んで光に向かって行きましょう。

第三節　霊能力に苦しんだ子供時代

祖父江　節さんは生まれてから、どのようにご自分の力を自覚されたのですか？

節　私は一人っ子で、母一人子一人で育ちました。小さい頃、母は私の霊能力については何も言いませんでした。

大人になってから、母から聞いたのですが、五歳くらいのときに小児ぜんそくで田舎に引っ越したのです。

そのとき、母の友達が私を見て、

「この子、すごい霊能力があるでしょう。この子は大きくなったら、多くの人を助ける人になるから、この力を否定しちゃだめよ」

と言ったそうなのです。

それで母は私に何も言わなかったそうなのです。そういうエピソードがあったことも大人になるまで言ってくれなかったのです。

同じく五歳くらいの頃、母の友達がすごく咳き込んで、救急車を呼ぼうとまでしていたときに、五歳の私がその人の背に手をかざしたそうなのです。するとその人の咳が止まったので、大人たちが、

「せっちゃん、何をしたの?」

と、驚いたということもあったそうです。

小さい頃は毎晩のように霊体や精霊が私の周りに来ていましたが、母が何も言わなかったので、それは当たり前のことなのだと思っていました。

それが、小学校に入ってしばらくして、みんなに
「節、何を言っているの?」

と言われることが増えてきたのです。

そして、私に見えているものが、みんなには見えていないのだ、私に聞こえているものが、みんなには聞こえていないのだということが次第に分かってきたのです。

自分の中で、自分に見えているものがみんなには見えてないというのは、一体どういうことなのだろうと悩みました。

どれがみんなにも見えているもので、どれは私にしか見えていないのか、どれがどうなのか、私にはすべて同じように見えているので、さっぱりわかりませんでした。その頃は区別がつかなかったのです。

「あそこにある植物は見えますか」

「じゃあ、これが動いているのは見えていますか」

「今来たスズメがしゃべったのは聞こえましたか」

というような感じで、他の人に確認していくうちに、他の人には何が見えていて、何が見えていないのか、どうして私がおかしいと言われているのか、だんだん見当がついてきました。

そして、私は何も言わなくなったのです。

「私の気が狂っているのだ」

そういう結論に達したのです。

私が全部間違っているのだ。そう思ったので、大人になってからも、ずっと自己否定するようになってしまいました。

祖父江　いつ頃、コントロールできるようになったのですか？

節　コントロールは今も全然できません。コントロールをしようと思ったこともないのです。例えば、誰かとカフェに行ったとします。すると、そこに突然、霊が来て立っていたりするのです。

私はメッセンジャーとして生まれたので、そのような霊が現れる場合は、必ずそこにいる人のためのメッセージをお持ちなのです。そして私に「見て、見て、見て、見て」と強い圧力をかけてくるのです。

私は「見ない、見ない、見ない、見ない」と拒否するのです。とても葛藤して、心の中で「私には何もできません」と伝えるのですが、「あなたにはできるはずだ」と言って、霊がその場から動かないのです。

祖父江　ついてきたりしますか？

節　そういう場合はついてきたりはしませんが、私の身体の具合が悪くなります。自分の役目を果たさなかったからでしょう。

祖父江　アメリカのテレビドラマの「ゴースト　～天国からのささやき～」（注）が好きでよく観ていたのですが、そのドラマでは主人公の女性が霊能力者なのです。主人公の女性の周りに亡くなった人が寄ってきて、無念な思いを伝え、主人公がその霊を助けてあげるというストーリーなのですが、そのように、「人物」としての霊が見えるのですか？

（注）「ゴースト　～天国からのささやき～」は、二〇〇五年から二〇一〇年にかけてアメリカ合衆国のＣＢＳ系列で放送されていたテレビドラマ作品。幼い頃から霊が見えて会話する能力を持っていた主人公のメリンダが、この世に未練を残し、さまよう霊の手助けをして、心安らかな光の世界へと導くことを使命としていたというストーリーで人気があり、日本でも放送されていました。

節　普段は「人物」としてきます。

「人物」としてくる場合と、人としてのエネルギーではなくて、ただのエネルギーの場合もあります。それもいいエネルギー、悪いエネルギー、ポジティブなもの、ネガティブなもの、明るいもの、陰湿なもの、暗いものなどがあります。危険なものもあります。人間の形をしていても、顔が全く見えなかったり、足だけ見えたりすることもあります。

祖父江　「亡くなったおばあちゃん」のように、実在していた人の場合もあるのですか？

節　はい、そうです。

ただ、私は、名前をキャッチできないのです。それと年代もわからないのです。そこには時間がないのです。

過去世も未来世も、すべてが「今、ここ」に同時に存在しているのです。

私が見た過去世について、クライアントさんが調べてくださって、「実際に○○年くらいにそういう服装の時代があったそうです」などと、教えてくださることもあるのですけどね。

クライアントさんのご感想（2）

「個人リーディングセッションを終えて」

スイス　M様

節さん、先日は個人リーディングをしていただき、どうもありがとうございました。日本から帰国して以来、二週間以上続いていた、ラジオや電灯が勝手に何度もつく等の怪現象も、リーディングをしていただいた夜からピタッと止まり、おかげさまで、家族全員ぐっすり眠れるようになり、ほっとしています。

数年前の私でしたら、節さんに感謝し、憑いていた霊がいなくなってくれたことに安心し、ここで終わっていたと思うのですが、今回は何かが違うのです。

節さんは、そこにさまよっている魂が、現世でどんな暮らしを送り、どんな亡くなり方をされたのかというお話をされた後、凛として、でも限りなく優しく、その魂が必要とする時間をかけて、光の中に送られるのですよね。

不気味な霊がいるのなら、いち早く去って欲しいと、最初は自分の都合で頭が一杯だった私も、節さんがお祈りを始められた頃には、その霊の方と私がこうして巡り合った不思議な縁を感じ、胸のあたりがぐわーっと暖かくなり、何とも言えない幸せな気持ちに包まれたのです。

お祓いで幸せに・・・、以前だったら考えられなかったことが、今ではこんなに自然に感じられるようになるなんて不思議です。

霊の方々に対する節さんの真摯で慈愛に満ちた姿勢を、今回初めて、頭でなく理屈でもなく心に感じました。

そんな節さんとの出会いをもたらしてくれた魂の方々にも感謝の気持ちで一杯です。

ありがとうございます。今後も末永くよろしくお願い致します。

第四節　ホロスコープに表れている霊能力

祖父江 恵子

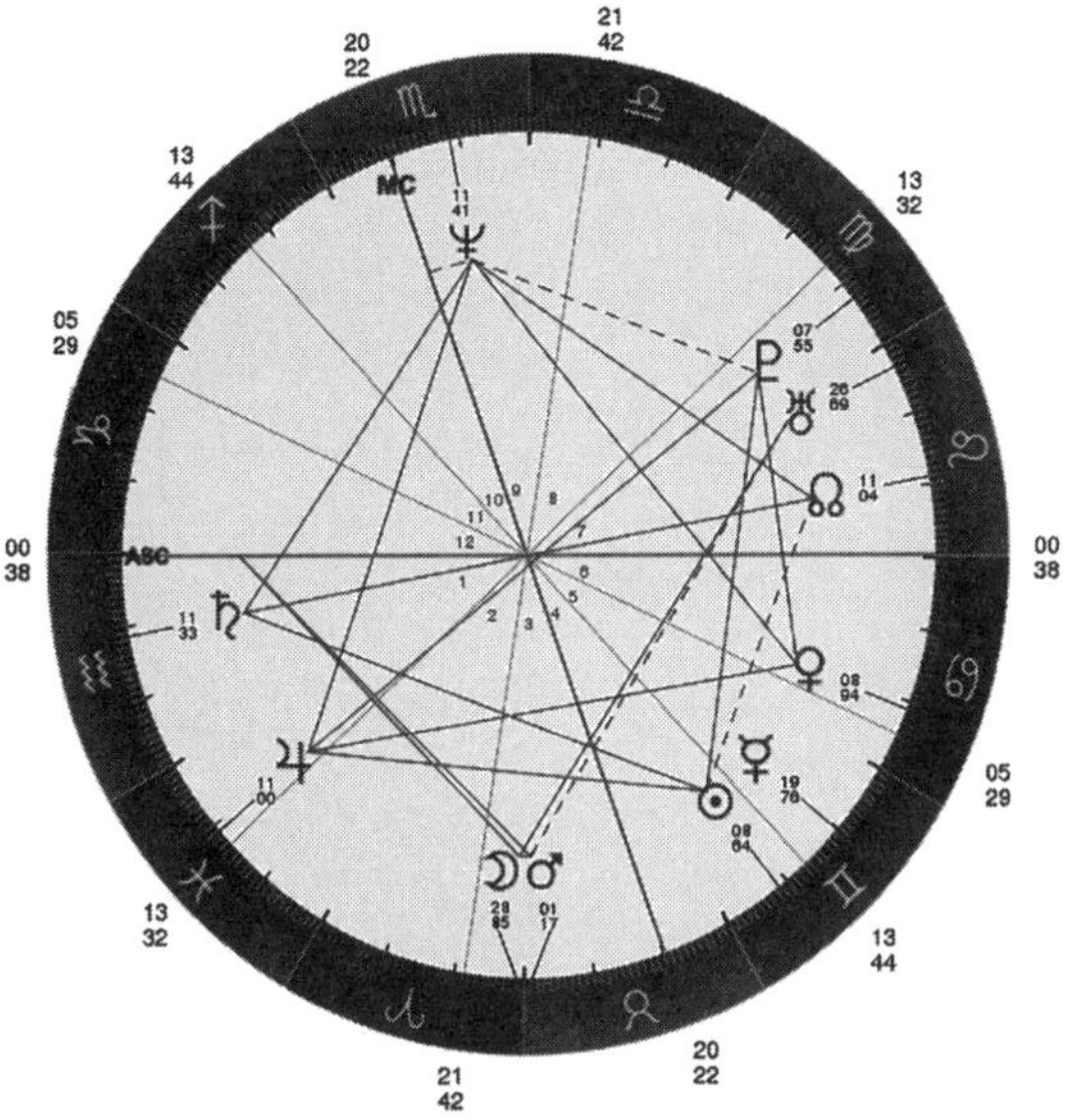

節さんの出生図

ホロスコープと言うのは、生まれたときの太陽系の天体の配置を描いたものです。円の中心が生まれた場所。そこから見て、どっちの方向に太陽があって、どっちの方向に月があったのか。太陽系の惑星をすべて並べて、その配置からその人の運命を読み取るのが西洋占星術です。

誰でも知っている「私は○○座生まれ」というのは、生まれたときに太陽が何座の方向にあったのかを指しています。それは占星術のほんの入り口にしかすぎず、実際には太陽だけでなく、月があった星座が月星座、金星があった星座が金星星座となり、それらを組み合わせて読んでいきます。

詳しい話はここでは省略しますが、さらに惑星があった「星座」だけではなく、主に生まれた時間から計算する「ハウス」や、惑星と惑星の角度を表す「アスペクト」など、ホロスコープ上の情報を、さまざまな方法論、計算式を駆使して読み解いていくことで、その人の性質や適性、恋愛運、仕事運、金運などの運勢だけでなく、いつ頃どんなことが起きそうかまで知ることができるのです。占星術は天文学をベースにして統計学のように経験が積み上げられてきたものであり、数学や幾何学を使った壮大な体系なのです。

そうした本格的な西洋占星術の方法で見たとき、節さんのホロスコープは、一見するだけで驚くべきものです。

まずぱっと見て、三角形が三つ、くっきりと見えます。

正三角形は「グランドトライン」という形です。幸運の正三角形と呼ばれ、大きな幸運や恵まれた環境を表します。ホロスコープの天頂に輝く海王星というスピリチュアリティを表す惑星を頂点に持ち、金星と木星という二つの吉星と正三角形になっています。その三つが蟹座、蠍座、魚座という共感性の高い水の星座に入っているのです。

非常に恵まれた共感力、直観力を持ち、それを喜び、癒し、幸運の方向に活かすことができる形なのです。角度や形をみるときは、その度数、つまり形の正確さにより意味の重要度を測るのですが、節さんの正三角形を作る惑星の度数はとても近いため、そのパワーは非常に強いと言えます。

一方、一八〇度、九〇度、九〇度という三角形はＴスクエアという緊張の形です。節さんのホロスコープには二つのＴスクエアが見えます。Ｔスクエアというのは、それを作る惑星に刺激が入る時期に、なんらかの障害が発生し、それを乗り越えていくことで成功を勝ち得ることもできるといわれる形です。現代人にはＴスクエアを持っている人は多く、それが示す障害やストレスを乗り越えることで成長し、人によっては大きな成功を勝ち取ることもあります。

節さんの場合、まず、グランドトラインの頂点でもある海王星とドラゴンヘッドと土星が作るTスクエアがあります。

ドラゴンヘッドとは、太陽と月の軌道の交点のことで、今世でのミッションやテーマを表すともいわれます。ドラゴンヘッドは獅子座に入っています。獅子座というのは、自分を表に打ち出していくことを意味する星座です。そして土星は現実世界そのものを表しますから、今世では、人前に出て、スピリチュアリティを発揮しなければならないミッションを持ち、そのために発生する現実的な問題を乗り越えていかなければならないと読むことができます。

このTスクエアもすべての天体が十一度台にあり、非常に正確な三角形であるため、この意味もとても強力に効いていると言えます。

もう一つは、太陽を頂点として、冥王星と木星によってできているTスクエアです。これはARI占星学総合研究所では「成功相」と呼んでいる惑星だけで成り立っているTスクエアです。それは棚ぼたのような、安穏とした成功ではなく、試練を乗り越えた先にある本物の成功です。それが約束されているようなTスクエアです。私は、こんな見事な「成功相」を見たのは初めてです。

比較的わかりやすいものをご紹介しましたが、これ以外にも、隈本先生がおっしゃっている「霊視能力」や「魔法のような力」を表す配置もあります。その詳細は非常に専門的になりますので、ここでは省略します。それ以外にもさまざまな点を挙げることができ、私も節さんのホロスコープを拝見したときは、本当に驚きました。

節さんが非常に高いサイキック能力（注）を持ってこの世に生まれてきて、それを発揮して人々を導き、そしてそのミッションに成功するということが、見事なまでに描かれています。しかし、その道のりには、人間としての節さんにとっては大変な試練があるということなのでしょう。

本当に、「ここ」というピンポイントで生まれてこられたのでしょう。まさに、神に送り出されたようなホロスコープです。

（注）サイキックとは、通常では不可能なことを可能にする特殊な能力を持つ人や、科学では説明することが難しい超常現象のことを指します。日本では、超能力者や霊能者、霊能力者とも呼ばれています。

クライアントさんのご感想（3）

「スペースクレンジングセッションを終えて」

アメリカ　J様

すっきりしてもうなーんにも怖くなくなりました。これって、すごいことだと思うんです。気づかないうちに、ちょっとでも「気持ちが悪いな」とか「居心地が変」と思う感覚、お化けや古い溜まったエネルギーなど、目に見えないものが一体どういう影響を自分に与えているかなんて、実際のところほとんどの人がわからないことだと思います。そして、「なんか変」って思っていても対処の仕方が分からないまま過ごしていることがほとんどだと思うのです。

そんなときに、節さんのスペースクレンジングは、ものすごく力を発揮するんだなと思いました。見えないものを信じるのは難しいこともあると思うのですが、それでもクレンジングが終わった後に、曇っていた空が晴れるような感覚になり、何か分からないけど全部吹き飛ばしたなーっていう気持ちになったのは、分からないなりに、実は、自分が思っている以上に体が感じていたんだと知りました。

どういう訳かセッション後、ネガティブなエネルギーが無くなったせいか、眠りが深く安心して眠れる日が続いています。

毎回、節さんとワンネスのなおさんに会ったら、新しいことを知ることができうれしいです。学校みたいです。いつもありがとうございます。

第五節　節さんに見えているもの

隈本　節さんは場所の気のようなものが見えるのですか？

節　見えるというより感じるのです。

隈本　どういうふうに感じるのですか？

節　圧力ですね。あと、色で見えます。

祖父江　この部屋をご覧になると、何が見えているのですか？

節　動いているものが見えます。あと、あの観葉植物の葉っぱが、私たちが話していることを聞いています。

祖父江　へえ、葉っぱが話を聞いてるんですか。動いているのは何ですか？

節　ここはやっぱり、セミナールームなので、生徒さんがいらっしゃるからだと思いますが、人が通りますよね。霊体というわけではないのですが、入りやすいのでしょう。悪い霊とかではなく、透明人間のようなものが、行ったり来たりしているのが見えています。

私は、基本的に浮遊霊のような霊は、天国に上げるのです。私がするべきではないものはしません。

例えばお仕事で頼まれてご自宅をクレンジング（浄化）するときに、浮遊霊がいた場合、もしくはそこにあるべきものではない物体がいる場合は、それを追い出そうとはしません。必ず天まで上げるのです。そのときにその人の人生などが見えることもあります。私は、そうした霊を天に上げるというところまでを役目としていただいているのです。いろいろなサイキックの人やヒーラーの人がいますが、それは全員に与えられている役目ではないと思うのです。

隈本　話し合ったりはしないのですか？

節　説得をしなければならないときがあります。

祖父江　未練が残っていたりするのですか？

節　未練があるというよりも、どこにも行けなくなってしまっている場合や、そこが気に入って居座っている場合など、いろいろなパターンがあります。

霊現象がたくさん生じているホラーハウスのようなところに呼ばれることが時々あります。そういうときには、そこへ行く前から私に対して攻撃が始まり、私がそこへ行けないようにと、邪魔をしてくるのです。それだけ霊が強力なのです。到着すると、そこに入った途端に、その人たちが生前どのような生活をしていて、どうしてここでそうした霊現象を起こしているのかということが、瞬時に情報として、「わん」っと入ってくるのです。過去にどこでどんなことをしていたかということと、今、その霊体がここでどのような状態でいるのかということが、同時に見えるのです。

祖父江　ＦＢＩ捜査官のドラマや、ドキュメンタリーのテレビ番組などで、霊能力者が殺人事件の犯人を捜したりしていることがありますよね。

節　自殺した人や、殺された人と意識がつながるときがあります。私が知らない殺人事件や、私が知らない人が自殺した場面とつながってしまうのです。私はその人のことを知らないのですが、なぜか私が選ばれて呼ばれることがあるのです。周波数みたいなものでリンクしてしまう感じです。殺される直前の場面を繰り返し見てしまうこともよくあります。

祖父江　仕事で依頼されているわけでもないのに、つながってしまうのですか？

節　そうなのです。但し、向こうからコンタクトしてくるときは、必ず何かリクエストがありますね。

祖父江　その亡くなった方からですね。

節　そうそう。夜中に無意識のうちにそういうところとずっとつながっていて、気がついたら明け方になっていた、なんていうこともよくあります。結局はみんな、上に上げなければいけない霊なのです。

スペースクレンジングのときに、そうやって霊体を上にあげていると、霊の行列ができることがあります。列を作って私に上げて欲しがる霊たちは、自分が亡くなっているということを理解していて、ここにいてはいけないということもわかっていて、上に上がりたくて仕方がないのですが、行き方がわからなかったとか、もしくは行くチャンスを逃してしまったといった人たちなので、まだ救われる霊体なのです。壁のところから動けなくなっているものもいれば、同じ部屋の中を何度も何度も行き来して、まるで自分が住んでいるように生活している霊もいます。

祖父江　ここを歩き回っている人は？

節　透明人間が、意思もなく、自覚もなく通っている感じなのです。

祖父江　霊ですか？亡くなっている人ですか？

節　霊と生霊の両方がいます。

普通、生霊は面倒です。でも、何かの念があり、「失敗すればいいのに」という生霊の思いや、「ここにずっといたい」といった生霊はもっと違って見えます。

私がさっきから見ているのは、もっと白い・・・人の形をしていて、外側が白くなって見えるだけの霊で、ただ、スタスタと歩いているだけなのです。私はそういうのは上げるつもりはないのです。隈本先生の授業を受けている生徒さんなどが、無意識にここを通ったりしているだけであって、私が何かをしなければいけないというものではないのです。

ただ、そういうエネルギーの通り道になると、やはりこの場の落ち着きがなくなるので、私が浄化をして落ち着かせ、あまりそういう出入りが激しくならないようにすることはできます。それはここでお仕事をしている先生や、働いている人たちを守ることになります。

土地にもエネルギーがあり、建物にも意思や感情があります。エネルギーですから、それを静めて平和なところにしないと、ビジネスはうまくいかないし、働いている人たちが身体を壊すこともあるので、とても大切なことなのです。

隈本　今、お話を伺いながら、非常に興味深かったことがあります。霊能力を磨く訓練の中に、意思が入った幽霊なのか、単なるエネルギー体なのかを見極めるというものがあるのです。例えばヨーロッパで、暖炉があり、ロッキングチェアが置いてある部屋があるとします。何かがドアを開けてその部屋に入ってきて、ロッキングチェアに座って椅子を揺らします。それを、壊れたビデオテープのように、何度も何度も繰り返しやるのです。何度も入って来ては椅子を揺らす。それは、単にエネルギー体であって、中身はないのです。

一方、意思のある本人がいて、本人に自分は霊だという自覚がある場合とは、区別しなければならないので、それを見極める訓練というのがあるのです。そういうのが古い文献に出てくるのです。

誤解されているのですが、陰陽師も霊が出てくると、まず話し合うのです。話し合って、都から出ていってくれないかと相談するのです。出ていってくれたら穀物をあげるからとか、とりあえずここにいてくれないかと頼むのです。単に出ていけというと反発されますからね。

節　私も出ていけなんて言わないですよ。

隈本　それから、占いの文献の中に出てくるこういう話もあります。ある先生がクライアントについている霊を祓うのです。そして、そのクライアントが帰った後に、道場で祈っていたら、その霊が道場の隅にいて、「なんでお前、私を祓うのだ。私は理由があってついていたのだ」と文句を言われたという話なのです。

そういう話や、家に意思があることなど、僕はそういうことはあり得ると思っています。空間と意識が浸透しあうように、人間はもしかすると空間と馴染んでしまえる可能性があるのではないかと思っているのです。

長く一つの場所に住んでいると、自分の身体とその場所が一体化するというか、その場所と相互交流するようになるのではないかと。ですから、場所を無茶苦茶にしてはいけないということになります。

祖父江　節さんは人間以外のものが訴えてくるメッセージを感じとられるのですよね。どんなことを言ってくるのですか？例えば鳥はどうですか？

節　私の場合、鳥はよくお天気を教えてくれます。

あるとき、マンハッタンで、公園でお昼ごはんを食べていました。その日はとてもいいお天気だったのですが、足元にいきなりスズメが止まったのです。そして、

「もうすぐ大雨が降るから帰りなさい」

と言ったのです。それは他の誰にも聞こえません。ですから、私は恐る恐る一緒にご飯を食べていた同僚に、

「大雨が降るから帰れというんだけど」

といったら、同僚が

「じゃ、帰ろう」

と言ってくれたのです。それで、帰ることにして、オフィスに着いたら、途端にザーっと大雨が降りだしたのです。

祖父江　そういうことがあるのですね。

隈本　古代中国では、鳥の声を聴くという占いがあったと書いてある文献がありました。自然現象はすべてメッセージだということです。

祖父江　私が初めて節さんに隈本先生のお写真をお見せしたとき、節さんは、

「この人は本に埋もれている」

とおっしゃったのです。実際、隈本先生はものすごい量の本を読まれていて、いつも本の話ばかりされています。

節　お写真は拝見したかもしれないですが、私は、リーディングしたことはすべて忘れてしまうのです。隈本先生のお話をするたびに、老成しているイメージがあり、もっとお年を召されている方だと思っていました。お年を召された老人がこの現代で、面白がって生きているような感じですね。「ほー、今はこういうのか」、「こいつはこうやって生きているのか、ふーん」と、それを楽しんでいらっしゃるのが見えていました。そこをまたご自分で研究されて、何か後世に文献を残していくような感じだと思っていたのです。実際にお会いすると、思っていたより、お若くてびっくりしました。でもお話をすると、やはりとても老成していらっしゃるし、読まれた本やご経験からかもしれませんが、ここまで説明できて、ここまで理解できるというのは、それ以上のものがあると思います。ですから、やはり人を導いていく人だと思うのです。中身は見た目とは全く違いますね。小さな頃からそうだったのでしょうが、老成されています。老

人でもただの老人ではなく、極めた方ですね。

祖父江　隈本先生にも霊がついているのが見えますか？

節　たくさんの守りが、数えられないくらい多くの方がついていると思いますよ。それよりもご自分がご自分を守っていらっしゃると思います。

私が今日いろいろ質問されて答えたり、意見を言ったりしていることは、本で学んだことではないのです。指導者もいません。

私は前世で何度も何度も同じようなお役目をいただいています。いろんな国でいろんな形でいろんな国民の方たちのお役に立たせていただいてきました。

例えば土地に円を描いて、そこに座って、私の隣にはその土地の一番偉い方が座っていて、その人に何かを質問されて、私が答えていく。何かそういう儀式をしていたこともあります。

そういうイメージを小さい頃から見ていて、それが自分だったということを小さいながらに理解していました。その当時から、いわゆるサイキックとしてお役に立たせていただいていたのです。西洋で生きていたときも、そういうことがありました。

ですから、クレンジングの仕方も、リーディングの仕方も、霊の取り扱いも、もともと知っていたとしか言いようがないのです。

でも、これは私のただの思い込みなのか、私が勝手にそう言っているだけなのか、やはり不安になることもあるのです。なぜなら他には誰も同じように見えている人がいないため、聞く人がいないからです。

でも、今日は隈本先生がことごとく、「実はこういうのがあって、昔はこういうのがあって」と裏付けてくださったので、私は少し生きていくことに自信がつきました。

このお仕事をさせていただいていて、私は、全く嘘はついていません。入ってくる情報や、わかっていることも、ただわかるとしか言いようがないのです。

でもその「わかる」は思い込みと紙一重なのです。それが私は怖くて怖くて仕方がないのです。とにかく祈ることしかできないのです。

情報は上が教えてくださいます。私はツール（道具）でしかないので、それをお伝えするしかないのですが、間違った情報をお伝えすることがあってはいけません。正しい知識、そして、今その方に必要なメッセージをすべて私にお渡しくださいと、私が正しく受け取って正しくお伝えすることができ、クライアントさんが正しく受け取ってくださって、より幸せに、より喜びの中で生きていくことができますようにと、必ずセッションの前に祈るのです。

土地やおうちのクレンジングのときは、必ず土地やおうちに祈ります。

天に使っていただいている、クライアントさんが使ってくださっているという意識があるからやっていけているのです。

自分の言っていること、感じていること、見ていることなどについて、サイキックの節として働いているときは全く何の不安もなく、何の疑いもないのですが、ふと人間の節に戻ったときは、「大丈夫なのかな、わたし?」と思ってしまうことはあるので、それが恐怖なのです。


隈本　例えばローマの神殿や、日本であれば神社や、また仏教にもありますが、古代から基本的に二つの役目があったのです。易の世界にもあります。

一つは天のメッセージを受け取る人です。これを巫女（みこ）とか、東洋では巫覡（ふげき）と呼んだりします。天のメッセージをミディアム（霊媒）のように受ける人です。

それと、もう一つ、それをチェックする人がいるのです。それが本当に正しい神の言葉なのかどうかをチェックするのです。そういう役目の人が西洋にも東洋にもいるのです。それが本当に正しいのかどうかということを知識的に裏付けていく人がいるのです。そうしたことも文献に残っているのです。

節　今日はとてもほっとしました。

隈本　特に自分をなくすタイプの、自分が薄くなってしまうタイプの霊能者は、受け取ったメッセージを伝えることはできるのですが、自分としては何が起こっているのかわからないから、それはこうこうでこうですよ、これはこうこうでこうですよ、と説明できる人がそばにいる必要があるのです。言語が多少、外れてしまいますが、一つの説では、それを日本では審神者（さにわ）と呼んでいました。それを審判するのです。きちんと調べて、これはこういうことですよ、これはこういうことですよと判断するのです。実はそのようにして、天のメッセージを集め、それが本当なのかをチェックして、そのエッセンスとしてまとまったのが易というものなのです。易経の易です。

節　そうなのですね。

隈本　記録に残っています。

祖父江　誰がチェックするのですか？

隈本　当時の人で、知識を持っていて、どういうことなのかを判断する人です。受け手の霊能者の方は一種の器になってしまいますから、そこには本人がいないのです。ですから、よくわからないのです。自分が何を言っているのかがよくわからなくなってくるので、その内容がどうなのかということを、きちんと説明できる人が別にいたのです。

祖父江　節さんは、今ここにいても、エネルギーが見えている状態なのですね？

節　はい、そうです。

祖父江　オフにはなっていないのですね？

節　ならないです。

祖父江　でもセッションを始めるときはスイッチを入れるのですか？

節　スイッチを入れるといったことはありません。全くないですね。自然体です。

祖父江　何かがここにいて、何かを言いたそうにしていたとしても、クライアントさんや、目の前にいる人等から依頼がなければそれは言わないということなのですね？

節　そうですね、勝手なことはしてはいけないのです。

祖父江　それで、セッションで質問されたら伝えるのですね。

節　はい、お答えするということです。

祖父江　では、言わないようにしているだけで、いろいろと聞こえてはいるということですか？

節　言ってしまうこともありますが（笑）

祖父江　基本はそういうことなのですね。

節　例えば、ニューヨークで暮らすようになる前に、私は二年間、サンディエゴに住んでいました。そして、サンディエゴに留学している学生さんに英語を教えていました。当時、私は子供が生まれたばかりだったので、家で英語を教えていました。

大学生の日本人の女の子に自宅で英語を教えていたとき、いきなり男の人が目の前に現れたのです。私と彼女の間に立っているのです。グレーのスーツを着て、じっと立っているのです。私は彼女に一生懸命英語の勉強をさせようとしているのですが、彼が全く動かないのです。そのとき、家には私と彼女しかいませんでした。

とても特徴のある、お顔や服装が全部はっきりと見えていたので、仕方なく、「ごめんね、すごく変なことを言うけど、びっくりしないでね」

と言って、

「ここに、こうこうこういう顔と髪型で、こういう色のスーツを着た人が立っています。あなたに関わりがあるかも知れないのですが、思い当たることありますか？」

と聞いたら、彼女が、突然、

「わ～ん」

と泣きだしたのです。

私も今思い出して泣きそうになってしまいましたが、彼は、彼女の亡くなったお父様だったのです。

私は彼女のお父様が亡くなったことも知りませんでしたし、どういう家系なのかも、どういう家庭の子なのかも全く知りませんでした。

後で聞いたことですが、彼女はお父様にすごく怒りを持っていたのです。お父様は会社の社長さんだったのですが、負債を抱えたまま病気かなにかで亡くなってしまったそうなのです。

お母様と彼女が負債を引き継ぎ、会社の後片付けをしなければいけなかったそうなのです。

彼女は、お父様はどうしてこんな形で死んでしまったのかと、とても恨んでいました。

私はどういうメッセージをお伝えしたのか覚えていないのですが、お父様がおっしゃることを彼女に伝えました。彼女は二十数年間も非常に苦しい時間を過ごしてきていたのに、それで癒されたのです。

そしてその後、彼女は、日本に帰ることを決めたそうです。もう日本にいたくないと思ってアメリカに来ていたのですが、お父様の本心を知り、お父様を許すことができたので、それをお母様に伝え、お母様を支えて生きていきますとおっしゃっていました。

この場合はクライアントさんとして聞かれたわけではないのですが、言わなければいけないということが一瞬にしてわかりました。私にそういうことができることがわかったからお父様がいらしたのでしょう。その当時は、私はサイキックとしては働いていませんでしたから、私にサイキックの力があることは誰にも言っていなかったのです。

この話は、ありがたい大きな思い出として、私の中に残っています。

このように、霊があまりにも強く頼んでくるときは理由があると思うので、「すみません」と言ってから、お伝えすることがあります。もし、その人が受け入れたくないのであれば、もちろん、その先は言いません。でも今まで、受け入れたくないと言われたことは一度もありませんでした。

祖父江　節さんはメッセージが聞こえてくるのですか？それとも降りてくるのですか？

節　テレパシーみたいに、「うぉん」と来ます。

例えば、私がマンハッタンのメトロポリタン美術館に、子供たちを連れて行ったときのことです。エレベーターの中には誰もいなくて、私と子供たち三人しかいなかったのですが、エレベーターのドアが開いた途端、角に女の人の霊がいるのが見えたのです。女の人がエレベーターの角に、後ろ向きでおどろおどろしく立っているのです。

すると、一瞬にして彼女の情報が届きました。どういう人生を送ったか、どうしてそこにいるのか、それは彼女についての部分的な情報でしかないのですが、それが一瞬のうちに送られてくるのです。それは声ではありません。ただ、情報としてテレパシーのように送られてくるのです。その人がしゃべるわけではなく、声ではないのです。ただ、情報を受け取り、「そうなんだ」と思ったときに、その人が声を出して話しかけてくることもあります。でもそれは、他の人には聞こえない声で、一種のテレパシーなのです。

祖父江　節さんは周りに同じような人はいなかったのですか？

節　いなかったです。

ただ、大学生の頃、私は東京にいたのですが、偶然ある女の子に会ったことがあります。

当時、私の友達が埼玉の中学生にピアノを教えていました。その中学生の友達に、ものすごくサイキック能力の強い女の子がいたのです。なぜか私たちは出会うことになり、初めて会ったときに、二人で同時に、「私たちは、会うことになっていたよね」というメッセージを交換しました。私たちは大学生と中学生だったのですが、それから一時的に、とても密接な関係になり、私たちにしかわからない痛みや、サイキックとしての話をすることになりました。その子は私のように生まれたときからサイキック能力があったわけではなく、何歳かのときに、入院をしている間に突然力がついたと言っていました。

私と彼女との間で、そのときに共通して感じていたことは、「こんな力、なかったらよかったのに」ということでした。二人とも、他人には自分の能力のことを話さないようにしていましたが、ときどき変な言動をしてしまうので、「こいつ、おかしい」と言われ、噂になってしまうことがありました。二人にしかわからない世界を共有できたのは、私にはその子が唯一でした。

祖父江　サイキックどうしはあまり出会わないようになっているのでしょうか。

節　どうなのでしょうね。

コラム　ワープ体験

節

大学時代から六年間付き合っていたボーイフレンドと、彼の運転する車で、東京の環八か環七を走っていたときのことです。

それは夕方のことでした。私は小さい頃から助手席に乗ると霊的に、より敏感になる傾向があり、その頃は、助手席に乗るとおかしくなってしまうことが多くなっていました。その彼は私がこういう体質だということも理解してくれていたので、私は安心して二人でドライブしていたのです。

そのとき、一般道に入り、道を曲がったところで、私は、「普通の住宅街に入ったんだな」と思ったのです。しかし、そう思った途端に、急に空が暗くなりました。

小さい頃から、私は車の助手席に座っていると、助手席の窓に、霊が「バン！」と当たって来ることがあるため、それが怖くて、なるべく窓を見ないようにして姿勢を低くする癖がありました。そのときも、自然とそんな姿勢をとっていたのですが、急に辺りが暗くなり、住宅街だったはずの場所が、「日本昔話」に出てくるような雰囲気の場所に変わってしまっていたのです。

「あ、まずい！」

と思ったとき、そこに、少し大きめのお地蔵様がありました。田舎のような景色の中、道が二手に分かれているところに、そのお地蔵様があったことをはっきり覚えています。

彼は車をまっすぐに走らせました。木や草は枯れ、荒れ果てた感じで、何かの焼け跡のようにすら見えました。誰もおらず、家に明かりがついていたという記憶はありません。

お地蔵様を見て、景色がすべて灰色になってしまったそのとき、私たちが乗っていた車の天井の上に、大きな磁石がぐるぐる急回転をしているのが見えたのです。その瞬間、

「私たちは、迷わされているんだ」

と気づきました。

その磁石の回るスピードがとても速かったので、「まずい！」と思ったのです。もちろん車の天井に、実際にそんな磁石があるわけがありません。

「私たち迷わされてる？」

と彼に言ったところ、彼はとても真剣な顔になっていました。

私は怖くて怖くて、これからどうなるのか分からなくて、助手席の下にずっとうずくまっていました。彼は車を猛スピードで走らせていたのですが、そのとき、エネルギーがふっと変わり、

「あれ、ちょっと明るくなったかな?」

と思ったら、いつの間にか大きな道路に出ていたのです。そこには車を停めるスペースがあったので、彼はそこに車を停めました。

さっきまでとは全く雰囲気が違い、他の車も普通に行き交っていました。

「私たち抜けたんだ」

と思いました。

彼はハンドルから手を離すことができず、そのまま固まっていました。

私も怖かったのですが、彼に

「大丈夫?」

と聞いたら、彼が

「最初に走っていた道から曲がって住宅街に入ったと思ったら、迷わされた。どこを走っているのか分からなくなって、ここに出たけど、どう考えても最初にいたところからここには来

れないはずだ」

と言うのです。彼はその辺の道をよく知っていました。彼は、

「あそこからここに来るのは不可能やねん！」

と叫んでいました。そして、

「せっちゃんといると不思議なことが起こりすぎる」

と言っていました。

彼はそれからしばらく運転することができなかったので、私たちは彼が落ち着くまでそこで休んでいました。


私たちはワープしたのだと思います。時間をワープしたのだと。

私はそのとき「昔にかえった」と思いました。その景色は今の日本ではなかったからです。

磁石やそのとき見た光景は怖かったのですが、何よりも彼の反応が怖かったことをよく覚えています。

彼は
「どう考えても、どうやっても、今さっきまで、僕たちがいたところからここには来れへんねん！」
と言って、しばらく動けずにいたのでした。

第二章

ワンネス

第一節 「個」の視点と「全体」の視点

隈本 図1のAを見てください。

人の周りを実線で囲んであります。一つ一つの形が人間を表しています。その形の内側にいる人間は自分のことを「個」だと思っています。自分は、他人とは別の存在である、つまり、自分は、自分の皮膚の外側の世界とは区切られている「個」であると信じているのです。

でも、どこからどこまでが「自分」なのでしょうか？

どこからどこまでが「個」なのでしょうか？

人間は常に呼吸をしています。皮膚の外にある空気を身体の中に取り入れ、空気中の酸素を肉体の一部として取り込み、そしてまた肉体から炭酸ガスを皮膚の外に吐き出しています。それを常に繰り返しています。

また肉体の外にある食べ物や水を身体に取り込み、そして身体の外に排せつします。

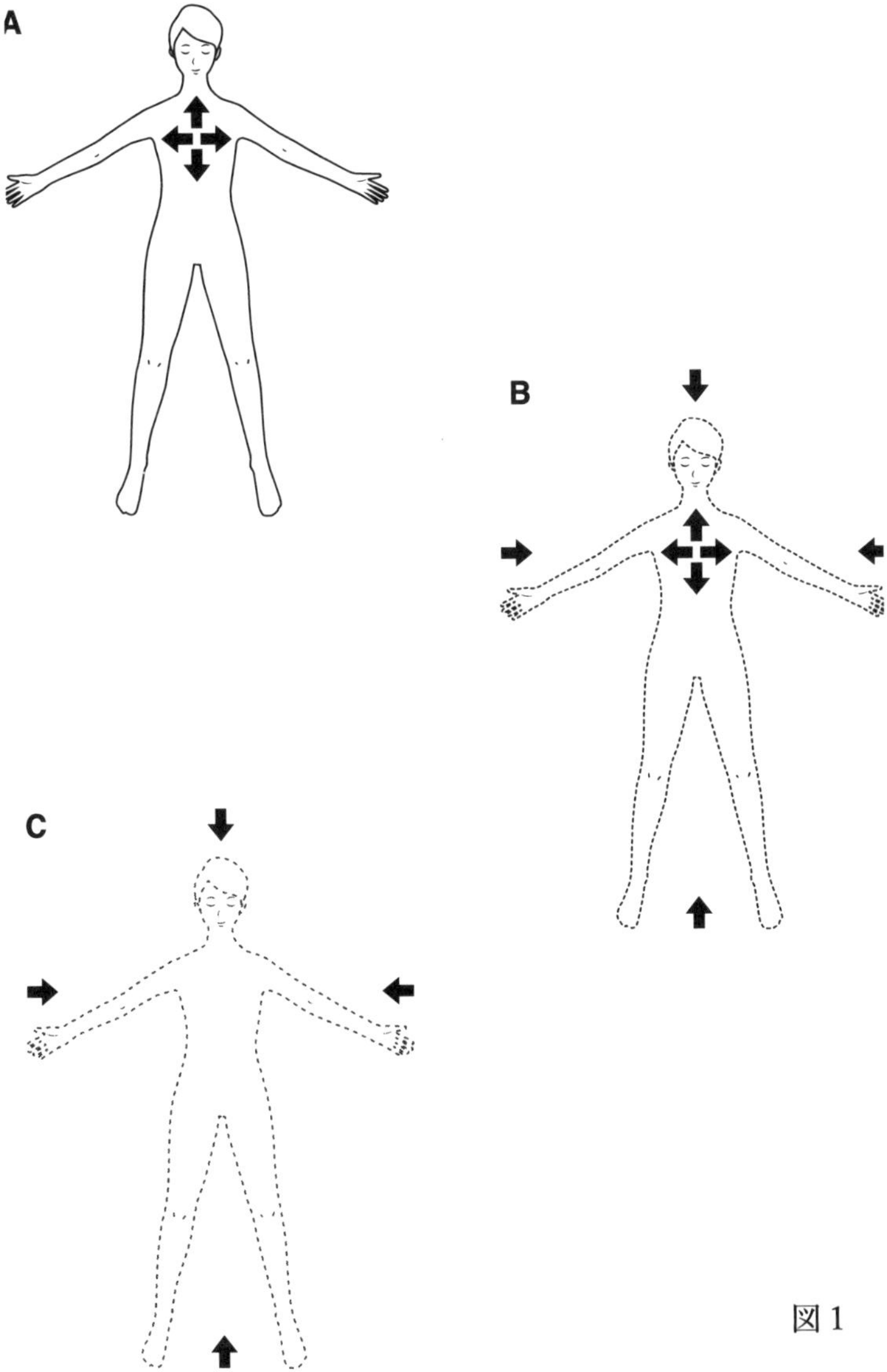

図1

図1のBのように、人間の肉体は肉体の外側の世界とつながっていて、どこからどこまでが「自分」なのか、つまり「個」なのか、はっきりとした境界線を引くことはできないのです。

そういう人間たちを外側から見ることを想像してみてください。どんどん離れて、どんどん遠くから見ると、そして、宇宙から地球にいる人間を見ると、ひとりひとりの人間も、地球上の動物も植物も空気も土も、すべてが循環している「全体」なのです。

ひとりひとりの人間の形を取り囲んでいる線は、図1のCのように実は点線で、すり抜けていて、人の形の中も外も、全部つながっているのです。一つ一つが「個」ではなく、すべてが「全体」だということなのです。

個々の人間の側から言うと、皮膚で囲まれた「個」としての人間なのですが、全体の視点から見ると「全体」の一部なのです。

まさに、ワンネス（注）ということですね。境界線も何もないということです。

（注）ワンネスとは、英語でOnenessと書き、一つを表すOneからできた名詞であり、「単一性」「同一性」を表します。スピリチュアルの用語として、すべてが一つであることを表す言葉としても使われています。

これは物質的なことだけを言っているのではなく、意識という点においても同様です。個々の人間は、自分のことを「個」であると思っていますが、外側から見ると「全体」の一部だということです。内側から外側に向いているのが「個」の視点の向きであり、外側から内側を向いているのが「全体」の視点の向きです。

図2のように、地球には自分のことを「個」だと思っている人間（図1のA）や、少し「全体」の意識を持ち始めている人間（図1のB）、そして、自分が「全体」の一部であると完全にわかっている人間（図1のC）が共存しています。

節さんは、「個」としての人間でありながら、「全体」の視点をお持ちだということができます。「個」と「全体」の仲介者になるためには、個から全体を見る視点ではなく、全体から見る視点にならなければならないのです。人間を皮膚で囲うという価値観ではない方に、全体からの視点にシフトしないといけないのです。

でも、そうすることが皮膚で囲まれている人間である方の自分をないがしろにしてしまうことにつながるのです。

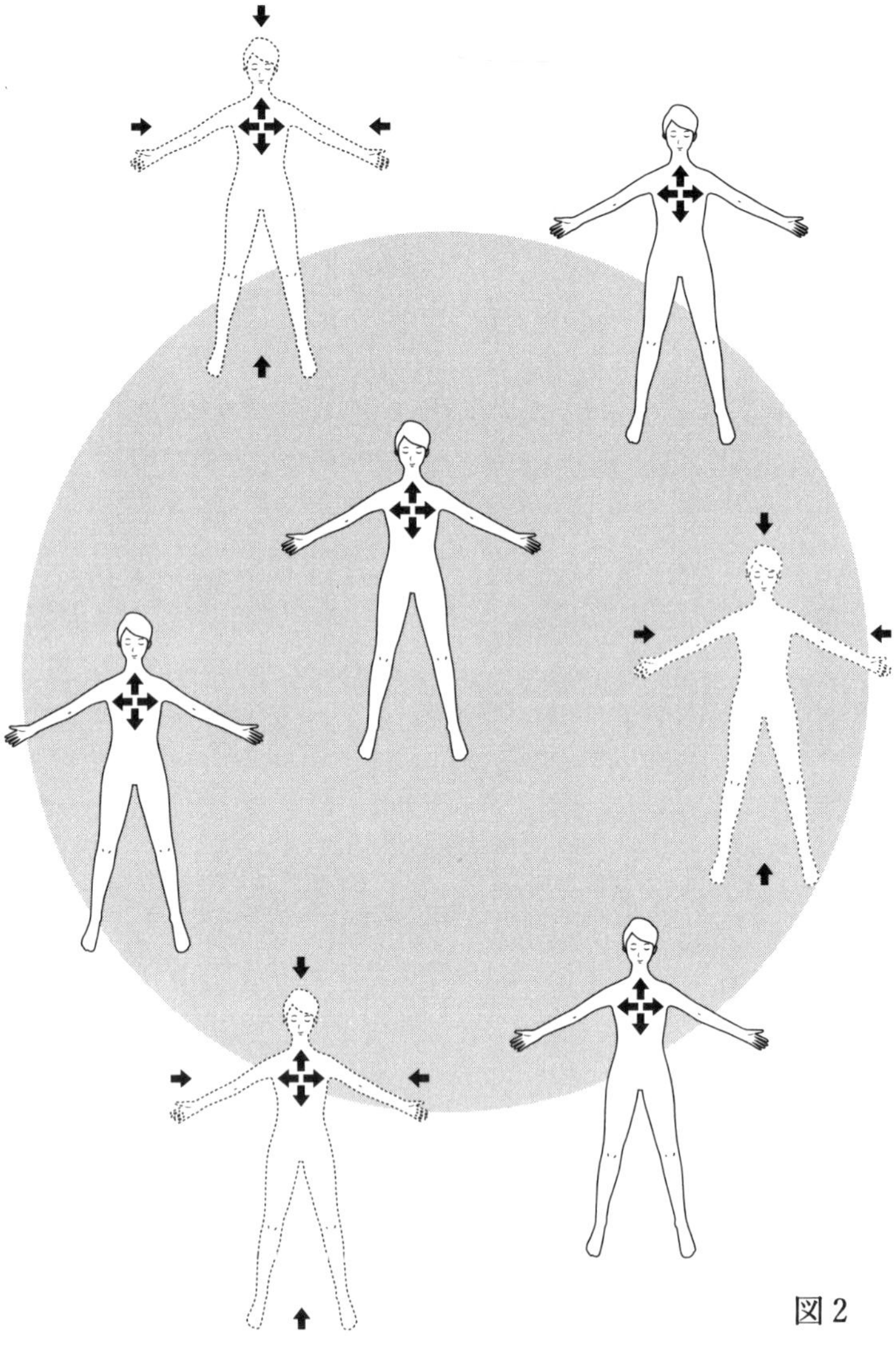

図2

「上に行く」というのは、全体の視点に移動するということでしょう。だから自分という「個」のことを覚えていないのです。

でも、あまり全体の視点に行きすぎると、個の視点がなくなってしまいます。それは人間としてはまずいのです。

祖父江　節さんは戻ってこられなくなったりするのですか？

節　戻ってくるためには食べるのです。食べないと降りてこられないのです。

戻ってくるスピードが遅いと、身体がどんどんおかしくなるのですが、魂が抜けている間は、身体の具合が悪くなっていることに気づいていないのです。

リーディング・セッションを始める一分くらい前まで、座っていられないくらい具合が悪くても、セッションが始まると、嘘みたいに、急にとても元気になるのです。

そして、セッションが終わってしばらくすると、ひどくお腹が空くのです。

多分、人間の身体が魂を戻そうとしているのでしょうね。普段は甘いものが嫌いなのに甘いものが食べたくなったりします。食べると、急に戻るのです。戻ると身体の具合が悪いことがわかるので、へなへなと倒れ込むこともあります。

隈本　食べないと維持できないのですね。

コラム「個」と「全体」の理解のために

隈本健一

対談で私が話したことは、わかりにくい考え方なので、皆さんの理解を助けるために、ここで説明します。

この考え方は後でお話ししている私の二十三歳の時の体験がもとになっています。しかし、この考え方が絶対に正しいと主張するつもりは毛頭ありません。また、言葉による表現は誤解を生みますが、ここは誤解を恐れずに、このような考え方もあるくらいに受け取っていただければ幸いです。

まず、すべてが意識だと考えています。この場合の意識とは、脳が作り出している意識という意味に限定されません。もっと広い意味の意識です。この意識を魂とか、精神、愛、あるいは神といってもいいかも知れません。この意識は生物、無生物に限りません。宇宙すべてが意識だと考えます。針供養をする日本人には、なんとなく感覚的に分かりますね。多くの日本人には、すべてに魂（＝意識）が宿るような感覚は理解しやすいでしょう。この宇宙すべてが意識であるということを、対談中に「全体」、「全体の意識」と表現しています。

これに対して人間が通常持つ、限定された意識を「個」と表現しています。全体の意識が肉体に宿ることで、限定された意識となるのです。この点を少し厳密に言うと、身体あるいは脳による視覚、聴覚、触覚、嗅覚、味覚の五感、身体感覚としての感情、言葉による思考、記憶との照合による認識によって形成される存在が、限定された意識である「個＝人間」となります。くどい書き方のようですが、皆さんは自分をどのように意識するでしょうか？自分に正直に「今」の自分を観察すると、このような表現になります。

この「個＝人間」は、皮膚で囲まれている肉体を自分だと思う意識です。ただ、対談中にも話しましたが、人間は環境との交流なしでは存在できませんので、「個」としての人間は、自分たちが考えているようなガッチリ固まったものではなく、「およそ人間」だと言えます。

この「およそ人間」と表現したのには訳があります。それは「個」である人間には、全体の意識に目覚めだしている段階の人がいるからです。まったくの「個」から、少しずつ「全体」になろうとしている存在です。これを便宜上、三つの段階で表現します。

六十七ページの図1を見てください。

Aは、まったくの個の段階。肉体から全体への視点のみ。固いもので囲まれた段階。

Bは、全体を少し意識しだした段階。個の視点と全体の視点の両方をもつ段階。

Cは、全体だけの段階。全体からの視点のみの段階。全体に溶けた段階。

このA、B、Cは、七十ページの図2のように、全体の中に、それぞれ存在しています。

また、七十六ページの図3のように、円の中心に向かう図で表現することもできます。

中心に向かうほどCのようになり、中心から外側に向かうほどAのようになります。この中心に向かう作用を「上昇」、中心から外側に向かう作用を「下降」と表現することができます。

対談中、鈴木大拙先生の話が出てきます。エデンの園でリンゴをかじってしまい、「個＝人間」になるプロセスをどうしたらよいかという質問に対して、鈴木大拙先生は「もう一度リンゴをかじればよい」と答えました。これは全体から個への「下降」のプロセスをつぶさに知ることで、「上昇」することができると言っているのです。

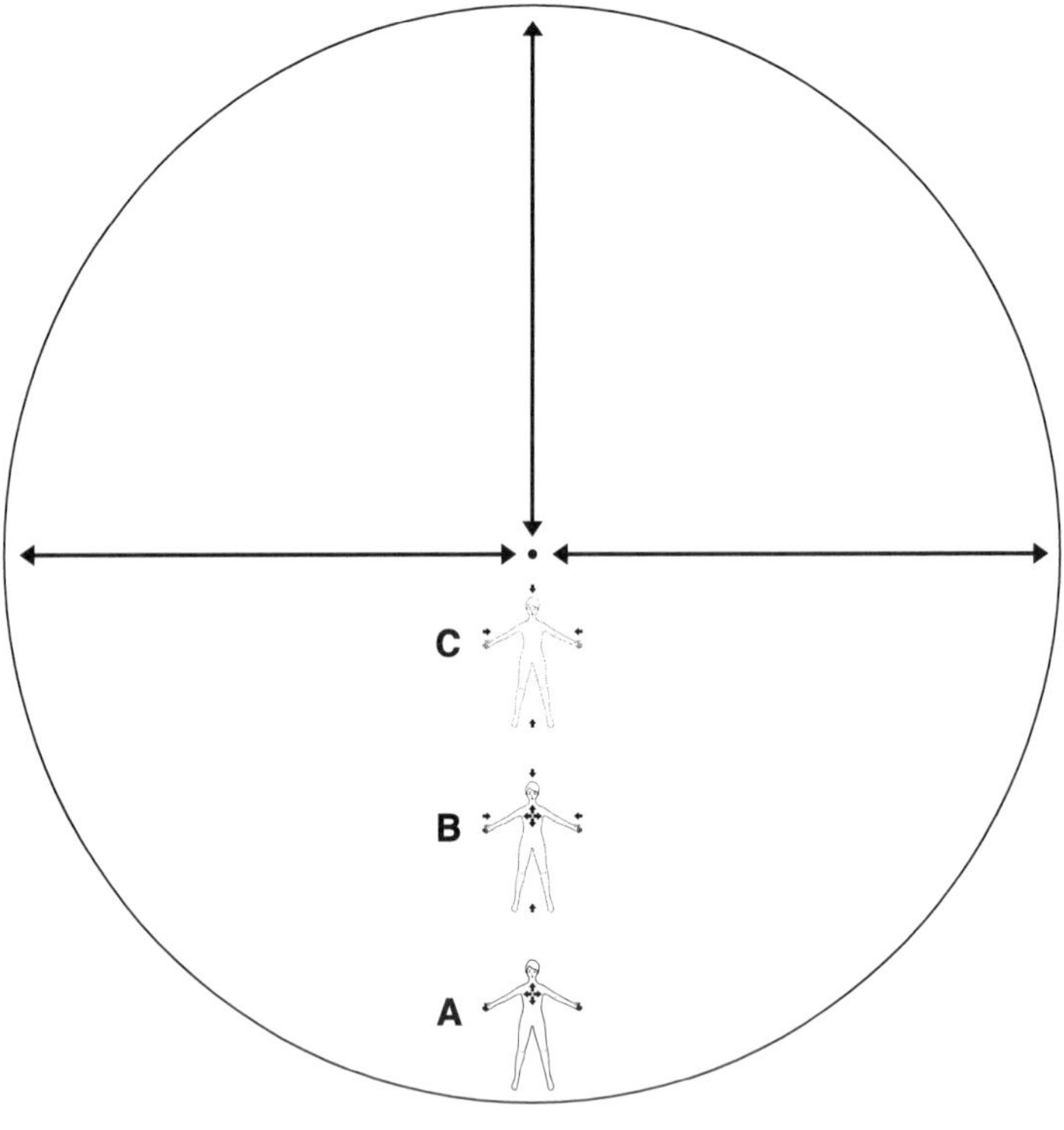

図3

第二節　時間はあるのか

祖父江　時間というものはあるのですか？

隈本　全体の視点からみると時間はありません。人間の視点から見たときに時間があるのです。占いは実は人の視点から全体を覗いているものなのです。だから時間がはっきりわかるのです。占いには人の視点から全体を覗いて、そのことによって、その先にある「全体」に気づかせる作用があるのです。

例えば、西洋占星術では、生まれた瞬間の星の配置を描いたホロスコープ一枚から、その人の人生のすべてを読み解いていきます。つまり、ホロスコープ一枚に、現在と過去、未来が出ているのですから、すべては「今」なのです。過去も未来もすべてが、今、ここにあるということなのです。

人間側から見ると時間が流れているように見えるのです。でも、全体側から見ると、「今、ここ」

しかないのです。それを「即今（そっこん）」と言います。

（注）即今（そっこん）・当処（とうしょ）・自己（じこ）といい、「今、ここで、私が生きる」、つまり過去にとらわれず、未来を思い悩まず、今を生きるという禅の教えのこと。

占いで未来がわかる。未来がわかるとはどういうことなのか。現在のあとに時間が流れて未来がやってくるのではなく、今、未来が分かっている。それはどういうことなのか。

占いは、自分の未来を知りたいと思う人間の視点から使われるから時間概念があるのですが、占いには、その先に人の視点を超えた「全体」の視点があることに気づかせる作用があるのです。その先には、時間がない、「全体」があるということに気づくのです。

「個」を囲んでいる点々が濃ければ濃いほど時間を感じます。そして、薄ければ薄いほど時間を感じづらくなります。

だから、節さんのような人は、個と全体の仲介者なので、点々が薄く、時間の感覚が希薄になり、日常生活に支障をきたす場合があるのです。

節　セッションをずっとやっていると、全く時間がわからなくなり、感覚がなくなり、宇宙に浮いた感じになります。

祖父江　宇宙に浮いた感じというのは瞑想しているような感じですか？

節　ある意味、瞑想がとても深くなって、自分の意識が世界や宇宙と同じところに達し、魂と同じレベルに近くなったときの感覚と同じかもしれません。

隈本　但し、だんだん全体に近づけば近づくほど、思考できなくなり、言葉が使えなくなります。言語とか思考ということから離れてしまうから、その状態を表現することができなくなるのです。

祖父江　節さんは、セッションのときに、節さんの言葉ではない言葉を使われることがあります。

隈本　途中の段階があるのでしょう。変換機というか、翻訳機のようなことが起きているのでしょうね。だんだん全体の方に上がっていくと言葉がなくなってしまうのです。表現しようとすると、言葉ではなく芸術のようなものになっていきます。芸術的な表現で、言葉を超えた表現方法なら、多少は表現することもできるかもしれませんが、それでも限界があります。最終的には言葉にできなくなるので、そこにいつも葛藤を感じておられるのでしょう。

そういうのを禅の言葉で、不立文字（ふりゅうもんじ）（注）というのです。言語化できないということです。

（注）不立文字とは、禅においての悟りは純粋に経験をして体感するもので、文字として悟りを表現することはできないということを意味しています。

祖父江　でも、私たちは、全体からの視点を人間の言葉で理解したいのです。あちらの世界がどうなっているのかということに興味があるのです。節さんにはどんなものが見えているのかを知りたいのです。また、節さんが見ている世界と占いとの関連をうまく整理して理解したいと思うのです。

隈本　例えば、ホロスコープは生まれた瞬間の点を情報の起点にしています。生まれた瞬間という情報の起点が、過去も未来も全部を含んだ点だと考えているのです。部分が全体を表現しているということなのです。時間は流れてはいないのです。実は全部が「今」にあるのです。人間側からの表現としてホロスコープを読んでいるだけなのです。全体からの視点で言えば、過去も現在も未来も「今」にあるのです。

でも人間にはそれがわからないから、占いという翻訳機を使ってそれを解釈しているということなのです。

祖父江　占いでは、時間という概念を導入して、何年後にこういうことが起きるということを言います。何年後にこういうことが起きるということが前もってわかっているのであれば、「運命は決まっているのか？」という疑問が生まれます。

また、隈本先生はいつも大きな運勢の流れは決まっているけれど、開運法を使うことによって、運勢の流れの範囲内でよりよい位置に向かうことが可能だとおっしゃいます（注）。その辺は全体側の視点からするとどうなるのですか？

（注）隈本先生は、さまざまな占術を駆使してクライアントさんに鑑定・アドバイスをされます。そして、その中で、西洋占星術は「診断」、九星気学は「治療」とおっしゃっています。西洋占星術では生まれた瞬間のホロスコープから、その人の一生の中で、いつどんなことが起きやすいかを読み解いていきます。それは運命が前もって決まっていると言うようなものです。しかし、隈本先生は、その人の人生の運勢の流れの上下は決まっていたとしても、九星気学の開運法を使って、その人の運勢の範囲内で、よりよい結果を得ることが可能だとおっしゃっています。九星気学の開運法には、移転やお水取りなどがあり、実際に、隈本先生の多くのクライアントさん達は、そうした開運法を使って、結婚や出世など、願望実現を果たしておられます。

隈本　人間側の視点からすると決まっていると言えるのですが、全体側の視点からすると決まっていないということなのです。

人間側は時間があると考えているから、決まっているということになってしまうのです。でも全体側からみると、時間はないのです。

占いには、こういう凝り固まった唯物論的な考え方を持つ現代人が、占いが当たるという事実を知ることによって、全体側の視点があるという事実に気づくという作用があるのです。占いの役目というのは、究極的には、全体側の視点を回復させることだと思うのです。

祖父江　でも、人間は幸せになりたいわけじゃないですか。占いの開運法で幸せになるなり、節さんにリーディングしていただいて、こういうことをするといいというアドバイスをいただいて、それに従えば、自分は運命に逆らって幸せになれると思いたいわけですよね。

隈本　人間側の視点というのはそういうものなのです。

でも、節さんに見てもらったらどうしてそんなことがわかるのか、占いでどうしてそんなことがわかるのかと考えるようになると、今、自分が考えている世界とは違う世界があるのかもしれないと気づくことにつながるのです。

節　占い師さんはたくさんいらっしゃると思います。私は占い師さんに見てもらうことがないのでわからないのですが、隈本先生はそこまでわかっていらっしゃるから、人間側から見た、時間がある世界で、占いというツールを使って、人様にアドバイスができるんですね。占いを突き詰めていくと、結局は宇宙側、天の側からの世界があることがわかるようになるとおっしゃいました。

でも世の中にたくさん占い師さんがいらっしゃいますが、その方々がみんなこっち側の世界を理解されているとは限らないじゃないですか。こっちの世界につなげられるようなお話ができる方って、おそらく、とても少ないのではないかと思うのです。だから隈本先生のような方にみていただく場合と、そうじゃない方にみていただくのとでは、天からの視点で自分の魂を開いていく助けになるかどうかが全然違ってくるのではないでしょうか。

隈本　だからこそ、この対談が本になって、世界に実はこういう視点があるのだ、人間からの視点だけではなく、全体からの視点があるのだということをお知らせすることが大切なのです。僕の立場からすると、占いにはそれに気づかせる作用があるのだということを言いたいのです。確かにそれが分かっている占い師は少ないかもしれません。でも、これはやらないといけないことなのです。

節　素晴らしい方ですね。

隈本　でも一足飛びにものごとは進まないのです。残念ながら人間側には、いろいろな考え方の人がいますからね。「人間側の人」と「全体側の人」が乖離してしまうことが一番いけないことだと思います。そこをつながないといけないと思うのです。僕は、占いがそれをつなぐツールとして使えるのだという信念を持っているのです。だから、占いによって未来がわかるということは一体どういうことなのかと、人間が考え直すこと自体が全体からの視点の存在に気づく一歩になるのです。そういう使い方をすれば、占いが一番健全になると思うのです。

節　一時的なものに終わらないということですね。

隈本　人間というものがどういう存在で、世界というものがどういう構造になっているかということ。占いで未来がわかるということ自体が、現代人の凝り固まった考え方を打ち破る一つの方法になるわけです。そういうツールになることで、占いは本来の占いの機能を発揮することができるのです。

節　私はそんなことをおっしゃる方にお会いしたことがなかったので、占いがそんなものだと今まで知りませんでした。

隈本　本来の占いはそうだったのです。でも、人間が人間側からの視点に凝り固めてしまったのですね。

祖父江　だから隈本先生は、占いで未来を正確に言い当てることにこだわっていらっしゃるんですね。

ホロスコープにあれだけ正確に未来が出ているとなると、占いを頭から信じないような人にも、どうしてそんなに高い確率でそんなことまでわかるのだろうか、という疑問を抱いてもらうことができますからね。それによって、今まで信じていた物質世界の視点では説明がつかない何かがあるんだということに思い至ってもらえるということですね。

ところで、占いでは未来を予測し、この先、いつどんなことが起きそうかという話をするのですが、節さんが見ていらっしゃるのは、時間がない世界ですよね。だから節さんのメッセージは「あなたは来年こんなふうになります」のような予言とは異なりますよね。

節　言おうと思えばそのようにも言えますが、未来はいくらでも変えられるのです。

祖父江　このままだとこんなふうになるという未来は見えてはいるのですか？

節　「今、現在、この瞬間」というのがありますよね。そこに、地球で言うところの、いわゆる「過去」や「未来」も同時に存在しているのです。ですから、未来を見るのは簡単なのです。ここにありますから。

でも、それは、今までの生き方でいくとこういう未来になるというのが見えているというだけなのです。

例えば隈本先生の占いを受けましたとか、誰かの体験談を聞きましたとか、私のセッションを受けましたとか、どんなきっかけでもいいのですが、そうした出来事に対するその人の反応の仕方が、その人の未来を作っていくのです。

その人の人生には、波があります。そうした波があった上で、その人が今、言ったり、したり、思ったりしたことが、その人の未来を作っていくので、今見えた未来は、どんなに変わってもおかしくないのです。

だから、今見えるのはこういう未来であっても、それはいくらでも変わるのです。変えられるのです。

祖父江　パラレルワールド（注）のように、同時に複数の未来の可能性が存在しているのですね。

節　そうなのです、その通りです。

（注）パラレルワールドとは、私たちの宇宙と同一の次元を持つ別の宇宙のことです。「もし、こうだったらどうなっていたか」というもう一つの歴史を描くＳＦに使われる世界ですが、ＳＦの世界のみならず、理論物理学の世界でもその存在の可能性について語られています。

隈本　アンジェリーナ・ジョリー（注）ってご存知ですよね。

祖父江　乳がんになる前に、その可能性だけで乳房を切除した人ですね。

（注）アンジェリーナ・ジョリーは、アメリカ合衆国の有名女優。「乳癌になる可能性の確率が八十七パーセント」だと診断されたことを受け、母親も卵巣癌で早逝していることもあり、乳癌予防のために両乳腺を切除。その後、卵巣と卵管も切除して話題となりました。

隈本　それが、遺伝情報をどのように考えるかという問いなのです。彼女はお母さんが卵巣がんで早くに亡くなったのです。そして自分は乳がんになる可能性が高いと言われたのです。

節　それで切ってしまいましたね。

隈本　遺伝情報というものをどのように扱うかということなのです。遺伝情報が提示しているものに対してどの立場に立つのか。確率を前提にして、自分はどの立場に立つか。人間は同じ現象に対し、自分の立脚点を変えることによって、その意味を変えることができるのです。

例えば親の肝臓が悪く、その肝臓の悪さを遺伝的に引き継いでいたとしても、必ず子供の肝臓が悪くなるわけではないのです。どんなものを食べるかに気をつけたり、運動をしたり、お酒を飲まない等、環境要因を変えることで回避できる場合もあるということです。

占いについて言うと、生年月日は遺伝情報のようなものなのです。ですから、生年月日からわかることを扱うとき、どういう立場で扱うかによって、結果は変わってくるのです。

祖父江　自分の選択によって未来は変えられるということですね。

隈本　僕の立場でいうと、未来は自分の選択によって、まるっきりコロッと変えられるものではないのですが、ずらすことは可能だと考えているのです。それを開運といいます。開く運とか、改める運と書いて「かいうん」と言っています。

その人がそもそも持っている、つまり遺伝的な運勢の波には幅があって、開運法を使うことによって、よりよい結果を得ることができると考えます。例えば僕が教えている九星気学を使った開運法には、移転やお水取りといったものがあります。そういうことをすることによって、その人がそもそも持っている運勢の範囲内で開運をすることができるのです。

でも、それも人間として生きるにあたっての、テクニカルな話なのです。何度も言いますが、占いの本来の機能は、人間とは一体どういう存在なのかということに気づかせることなのです。

第三節　運命は決まっているのか

節　一つ質問があります。

私もクライアントさん達に「自分の運命は決まっているのですか？」とよく聞かれるのです。神様と約束して、自分の運命を決めてきたといった本を書いておられる方もいらっしゃいます。占星術でも、生まれた時間と場所から自分の運命を読み解くので、運命は決まっているように見えます。

そもそも魂は生まれたくて生まれてきますよね。では、いつ生まれるのか。先ほどの私の例でもそうですが、出生時間が少しずれることによって全然違ってくるわけです。例えば、十月に生まれるはずだったのに遅くなって十一月になってしまったり、逆に、未熟児で早く生まれたり。隈本先生のおっしゃるホロスコープによると、生まれた日時が変わることによって、運命が変わるということですよね。

生まれた時点で、運命が決まっているということは、神様と自分の人生を決めて来たというのと同じことになるのですか？

私はそんなことはないと教えているのです。

隈本　人間の立場からするとそうなってしまうのです。生年月日は変えられないのです。生まれたときに持っている運命は、遺伝的なものだと考えるのです。

節　遺伝？

隈本　遺伝です。遺伝情報で男として生まれるのか女として生まれるのか、背が高く生まれるのか低く生まれるのかが決まってしまう。占星術とは、そういうものなのです。宿命論とか決定論と呼ばれるものです。

この宿命論や決定論と自由意志が戦うのです。

宿命論や決定論では、運命は決まっていると考えます。自由意志があるという立場に立つと、運命は決まっていない。自由な意志によって変えることができると考えるのです。

しかし、運命が決まっているということはどういうことなのか。自由意志とは何なのか。いずれにしても、「あなたはどういう存在なのですか」、「人間とはどういう存在なのですか」というところに行きつくのです。

確かに人間の立場からみた決定論、宿命論で言えば、ある程度の方向性は決まっていると言えます。でも、今からカレーを食べるか、あるいはラーメンを食べるかというところまで決まっているわけではなく、それは自由意志で変えられるのです。

自由意志によって、ある程度、運命を変えられるというときに、では、一体、自由意志とは何なのかということをも追求しなければならないのです。そうしたことを追求していくことで、人間の視点ではなく、全体の視点でものを見ることができるようになってくるのです。

ですから、最初に申し上げたように、占いというのは、本来は、人間の視点ではなく、全体の視点の方に人間が成長するためのツールなのです。

占いによって未来がわかる。つまり、人間側から見れば、運命は決まってしまっている。それを自由意志である程度変えることができる。一体、それはどういうことなのか。人間とはどういう存在なのか。

そういうことに気づかせるのが占いの本来の目的なのです。「運命は決まっている」というような、途中の段階で議論を止めてしまってはいけないのです。

節　偶然、その日その時間に生まれてくるのですか?それともそこをめがけて生まれるようにできているのですか?

隈本　それは難しい問いですよね。

祖父江　自分がしたいことをするために生まれてきたのであれば、そこを選んできたのでしょうね。その親、その場所、その日時を選んで生まれて来る。

隈本　古代の西洋哲学の言葉を借りれば、亡くなったあと、生まれ変わる前に、次の人生を見て、「この人生を生きるかどうか」と選択を迫られ、「私はこの人生を生きたいです」と宣言し、そこで忘却の水を飲み、そして生まれ変わってくるそうです。

節　へえ〜。

隈本　前の人生でやり残したことや、さまざまな、成就できていないチャレンジが残っているから、次はこのホロスコープ、この人生に生まれてくるのだということを選んでから生まれてくる、そういう物語があるのです。

この人生に生まれたのは偶然なのか必然なのかという問い自体が、結局は人間側の視点です。「時間はない」という視点に立つと、偶然も必然もないのです。

節　そうなのですね。

隈本　どうしても人間側の視点から解釈しようとするからそういう硬直した話になってしまうのですが、その話を途中で止めてしまうと、占いは単に自分を縛るツールになってしまうのです。

節　どうあがいても運命は変えられないのだと捉えてしまうと、自分を縛るだけですね。

隈本　そうなのです。

そういうことではなく、本当は、あなたはそれを超えられる存在なんですよ、ということを教えるためのツールなのです。

祖父江　私が占いを勉強していて思うのは、確かに「いつ頃」、「こんなこと」が起きそうだということは、本当にことごとく当たっていくので、そういう意味では確かに運命は決まっているんだなと感じます。でも、「こんなこと」というのは事後的な解釈なのです。

「いつ頃」というのはかなりぴったり当たりますし、そのときに反応している星やその配置ははっきり出ているので、「こんなような類のこと」が起きそうとまでは言えるのですが、具体的には何通りも読み方があるため、この時に死ぬのか、病気をするのか、仕事がうまくいかないのか、具体的にそれが何なのかまでは、事前には判断がつかないことが多いのです。

だからそういう意味では、「運命が決まっている」というほど、ホロスコープを見るだけで、この人の人生では何月何日に何が起きてこうなって、とまでは言えないと思います。かなり幅があります。結局、そこまでは人間にはわからないようにできているのかもしれません。

隈本　例えば、「机」ではなく、「家具」というように抽象度を上げる。更に、「何かのモノ」

というように抽象度を上げる。「生物ではない」と更に上げる。このように抽象度を上げていくことをシンボリズムといいます。日本語では象徴といいます。占いはどこまでも象徴を扱っているのです。ですから、この時期あたりに何かがあるな、このような傾向のことがあるな、ということまでは分かっても、じゃあズバリ何があるかがわかるか、というと僕も分かりません。

祖父江　そうなのです。そこまでは読み取れないのです。

隈本　それは人間の技ではないのです。

祖父江　占いで自分にはいつ頃このようなことがありそうということを予測して、どのような傾向のことなのかが分かっていても、その中で自分の望むものにしていく自由意志があると信じたいですね。

隈本　生物が持っている勢いみたいなもの、エネルギーの慣性の法則のようなもの、バイオリズムのようなものがありますから、それをつかむことは可能ですね。

祖父江　運気ですね。

隈本　そう、だからバイオリズム的に上がっている時期にチャレンジをし、下がっているときは少し大人しくしていようといったことは、ある程度分かります。但し、それもただそれだけなのです。まだそれでは占いの半分なのです。そんな存在である自分とは何なのかというところに行きつかないと完成しないのです。

人間側の視点では、世界が硬直してしまうのだということに気づかなければならないのです。そこから脱皮しないといけないのだということに。

仏教で「諸行無常」(注)と言うのはそういうことです。諸行無常を説いて悲しみなさいと言っているのではありません。今の硬直したエゴでガチガチの状態から抜け出す方向性を見出しなさいということを言っているのです。

(注) 諸行無常とは、仏教用語で、この世の存在はすべて、その形も本質も常に変化するものであり、一瞬たりとも同じままでは

ないことを言います。

そこに至って初めて占いも正しくツールとして機能するのです。単に宿命論、決定論であなたの人生はこうだから諦めてくださいということではないのです。そこから入って、それによって世界というものがどうなっているかということに気づかせようとするものなのです。

運命というものがあるのだ、ということは、この世の中は、これまで人間が考えていたものとは違っているのではないか、というところに持っていかないといけないのです。そうすると本来の占いの姿になるのです。それが易を作った人たちの本来の意図なのです。占星術を作った人たちの意図なのです。それを復活させないといけないと思うのです。

第四節　占いで運命がどこまでわかるのか

祖父江 恵子

日本で占いというと、太陽星座占いが有名です。生まれた生年月日から、私は〇〇座であるということは、日本人ならおそらく誰でも知っているのではないでしょうか。そのくらい一般的に知られています。

私は牡牛座生まれです。牡牛座生まれだから、真面目で頑固で地味な性格だということになります。人類の十二分の一は牡牛座生まれで、みんな同じ性格ということです。そして、テレビでは、毎日のように、何座生まれの人の今日の運勢はどうだといい、女性誌の後ろの方には今月の星座別占いが載っています。太陽星座占い以外にも、何年生まれだからどっちの方位がいいとか、血液型が何型だからどうだとか、そのような占いは山のようにあります。

占いは、当たることもあれば当たらないこともある、ちょっとした楽しみ、癒し、心の支え、エンターテインメントとして広く受け入れられ、日本だけでなく、世界的にも大きなビジネスとなっています。

最近では、月星座占いで心の奥を見るとか、金星星座で恋愛運を見るとか、もう少し進むと、ハウスを使って星を読む・・・と、太陽星座占いから、多少発展したものもありますが、それでも、多くの人は、占いとはその程度のものだと思っておられるでしょう。そんなもので運命が決まっていると考えるなんて、愚かなことだと思うのが普通です。


私が本格的な占いに出会ったのは、二〇一四年のことです。

私はそれまで、日本や欧米の金融機関でインフラ部門の責任者として世界を飛び回っていました。隈本先生がおっしゃるところの、太い実線で囲まれたカチカチの「個」でした。そして、脱サラして起業しようとマーケティングの勉強をしていたときに、たまたま出会ったのが、衝撃的な占いのロジック（論理）だったのです。それは今まで見聞きしていた占いとは全く異なるものでした。

私はこれまでに二回、脳腫瘍の手術を受けています。隈本先生から学んだその占いの計算方法で、私の生年月日、出生時刻、出生場所の緯度経度から計算すると、

二〇〇五年三月～二〇〇七年三月
二〇一一年十二月～二〇一三年十二月
人生の中でこの二つの期間にだけ、大きな手術や事故の表示が出ているのです。実際は、二〇〇五年の九月と、二〇一二年の九月に脳腫瘍の手術を受けました。

これに驚かないわけがありません。どうして二回とも計算でぴったり出ているのか。

その後、他のこともいろいろと検証しました。

就職、転職、トラブル、恋愛、結婚・・・さまざまな人生の出来事の時期が、本当に見事に、唖然とするほどの美しさで、計算で出てくるのです。

自分以外の人についてもチェックしました。有名人についても調べてみました。そして、そのあまりの精度に驚愕することになったのです。

ちなみに、二〇一九年六月～二〇二〇年九月に、恋愛結婚の大チャンス期が計算で予測されていて、実は、二〇二〇年三月に結婚しました。これに関しては、隈本先生の九星気学の開運法のおかげでもあります。

「計算」で予測できる。それはいったい、どういうことなんでしょう。

私は、それまで金融機関でシステム関連の仕事に長く携わっていたこともあり、これをシステム化して、もっと多くの人に知ってもらいたい、活用してもらいたい、と思うようになりました。

そして、二〇一六年に株式会社グランドトラインを創業し、ＡＲＩ占星学総合研究所をスタートしたのです。

それから、隈本先生を中心とした占星術のスクールを開校するとともに、「スターナビゲーター」というソフトウエアの開発に着手しました。「スターナビゲーター」には「未来予測」という機能を導入し、私の脳腫瘍の時期を出した、その計算式を搭載しました。

ただ、「スターナビゲーター」の未来予測機能は、占星術を全く知らない人が使うには少し難しいため、占星術をあまり知らない人でもその結果だけを活用できるように、「77億分の1。あなただけの未來予報カレンダー」という年間カレンダーを開発しました。

これは、大安吉日や一粒万倍日のような、誰にとっても同じ吉日ではなく、地球の人口である77億人のうちのたった一人である、その人の出生データから緻密に計算したという意味を含んでいます。隈本先生監修の下、占星術のさまざまな手法を駆使して、その人の一年間の運気の流れを計算し、カレンダー上に色で示してみました。

また、私の脳腫瘍の時期を言い当てたその方法で、「いつ」、「どういうことが」起きそうか、一般の方にも意味が読み取りやすいよう、文章やキーワードで表現した、「77億分の1。わたしだけのバースデーブック」も開発しました。これには太陽星座だけではわからない、その人のホロスコープの解説書もついています。

とにかく、こんな占いに出会った私のこの驚きを、そして三千年以上の年月をかけて人類が作り上げたこの貴重なロジックと、そのロジックから導き出される、人々の人生の羅針盤になり得る貴重な情報を、もっともっと多くの人々に知ってほしい、活用してほしいと思い、その思いの実現のために、残りの人生を捧げることにしたのです。

ただ、二つ問題があります。

一つは出生時刻が決定的に重要であるということ。

生まれた時刻が四分ずれると未来予測に一年のずれが生じるだけでなく、ずれが大きくなると、予測の内容にも大きく影響してしまいます。母子手帳に書かれている出生時刻ですら、そこまで正確ではないため、実際の本格的な占いの現場では、過去に起きた出来事から逆算をして、出生時刻を修正するということまで行われています（レクティフィケーションと呼ばれています）。結婚、離婚、出産、病気といった大きな出来事が起きた年月がいくつかあれば、出生時刻の誤差の修正ができるのです。しかし、生まれた時刻が全くわからない場合は、二十四時間の中から出生時刻を見つけなければならないため、これは相当難しい作業となります。出生時刻がわからなくても予測はできるのですが、正確な出生時刻がないと、かなり見落としが発生することになってしまいます。

もう一つの問題は、シンボリズムです。占いが扱う「象徴」のあいまいさの問題です。「いつ」という部分は、数式による計算で出せるのですが、「何が」の部分は、占星術が扱う惑星や、生まれたときに惑星があった場所や、惑星同士の角度などが意味する「象意（しょうい）」を組み合わせてどう読むか、というアナログの世界に入ってしまうのです。

熟練した占星術師ですら人間ですから、クライアントに対する先入観が入ってしまうことになり、読み間違いを起こしてしまいます。事後的には「的中していた」と言えても、それを事前にぴったり言い当てることは至難の業であり、人間には不可能と言ってもいいかもしれないのです。

例えば、九ハウスという場所があります。九ハウスは広くて深いことや遠いことを表します。それを具体的にすると、外国、高等教育、宗教、また、広めるという意味で広告や出版など、さまざまな意味に読み取ることができます。これを外国関連と読むか、出版と読むか、はたまた宗教と読むかによって、「何が」起きるかの予想の幅はとても広いものになってしまうのです。

ならば、事後的に何とでも言えるではないか、と言われそうですが、そこまであいまいではありません。「こういう傾向のこと」、「これか、あれか、そのようなこと」くらいまでは絞り込めますから、事後的に確認すると、「ああ、そうきたか」ということになります。


「これか、あれか、そのようなこと」と絞り込まれた中で、どの未来を選ぶかということには自由意志があるのでしょうか?

それは私にはわかりません。自由意志があると信じたいとは思います。

また、「これか、あれか、そのようなこと」が「いつ頃」起きそうだということが事前にわかることは、そもそも人間にとって良いことなのでしょうか。

必ずしも良いこととは言えないのかもしれません。

でも、チャンスの波に乗れそうなときに頑張り、少しおとなしく休んでいた方がいいときには休み、苦しい試練を味わっているときには、それがいつ頃には終わりそうだと知ることで安心できるのではないでしょうか。

天気予報と同じようなものなのです。隈本先生は、雨が降るとわかっていれば、傘を持っていけばいいとおっしゃいます。知っていて損はないと思うのです。また、「何が」の部分があいまいだから救われるという面もあるように思います。

でも、ここまで正確に「いつ」がわかり、ある程度「何が」起きるかまで、事前に、いや、生まれたときから決まってしまっているということは、一体どういうことなのでしょう。

確かに、このような本格的な占いにはそこまで考えさせる作用があります。

私はできることなら、この本格的な占いの的中率をＡＩ（人工知能）を使って検証してみたいとまで思っているのですが、さて、神は人間にどこまで実証させてくれるのでしょうか。

結局、人間にはわからない、人間の技ではないということなのかもしれません。「個」の立場から「言葉」で理解することができないのが、「全体」なのかもしれません。

真実に近づこうとすると、遠ざかってしまう、なんだか、そんなもののような気がします。

本格的な占いは、自分はそのような存在である人間として、全体の中で、ただ循環して生きているのだと、それを実感させるものなのです。

第五節　覚醒体験

祖父江　隈本先生の二十三歳のときの体験について教えてください。

隈本　二十三歳のときに深く瞑想に入って、自分がなくなったことがあります。記憶もないのです。でもおそらく、瞑想から出たあとに思い起こすと、それは、とても強い光だったのです。記憶がほとんどないから、はっきりしていないのですが、目を開けられないくらいの光で、その中で自分が完全になくなっていたのです。その後で、合体ロボットのようにだんだんと感覚が戻ってきたのです。ものを考える能力とか、認識の基礎的なパーツが一つずつ戻ってくるのです。戻ってみると、ほとんどその間の記憶がないのですが、残っていたのは「そっちが真実だ」ということなのです。こっちは違うのだということが分かったのです。

そういうのを禅では「一瞥（いちべつ）」（注）といいます。

（注）一瞥とは、ちらっと見るという意味。

ちらっと見ただけだから、完成はしないのですが、この一瞥することの非常に大事な点は、あっちが真実だということが本当にわかるということなのです。そっちを目指さなければならないのだということが確信をもってわかり、それが生涯、続くのです。それに疑問がないのです。

節　経験があるのとないのとでは全然違いますからね。

隈本　そう、全然違うのです。疑問をはさむ余地がないのです。不遜に聞こえるかもしれませんが、それが事実なのですから。

祖父江　でもそれはそれで終わってしまったのですね。

隈本　そうなのです。一瞥だから、チラ見しただけなのです。だけど、それがあったからこそ、自分がそういう方向性に進むことが間違いだと思わなくなったのです。

祖父江　それは不安とか怖いものがなくなるということですか？

隈本　いやいや、怖いものはありますよ。バンジージャンプは、怖いですよ（笑）。僕は人間ですから。

祖父江　その光に包まれている時間に何かがあったわけではないのですか？それを感じただけですか？

隈本　「感じた」とも言えないのです。感じる主体の本人がいないのですから。そのため完全な「記憶」ではないのですが、残ったのは、そっちが真実だということなのです。

僕はスタートレックが好きなのですが、スタートレックでは、ホログラム（注）で机や人間のようなものができます。スタートレックには、ホログラムが、自分がホログラムだということに気づくという話があるのです。

（注）通常の映像は、物体に光が反射した「平面の映像」を記録しますが、ホログラムは光に関して追加の情報を平面に記録する

ことで、物体の像を「立体」として記録し、それを表示したときに人が見る方向を変えることで物体が「立体的」に見えるという仕組みです。

僕の二十三歳の体験はそれに近いものだと思います。

あとから人間側の解釈で語っていますから、その正確性は落ちているかもしれませんが、強い光なのです。強い光が本物だということを見てしまったのです。内側の、人の視点からではなく、外側の全体の視点から見てしまったということだと思います。

祖父江　どうして私たちは存在するのでしょう?

隈本　そこに意味を求めるのが人間なのです。身体の細胞の一つ一つが、「どうして自分は足の細胞なのか?」と思うのかということです。人間は、ただ「在る」んですよ。

祖父江　でも、人間は「どうして人間が存在するのだろう?」と思ってしまうものですよね。「人間はどうして存在しているのか」とか、「自分はどうして生まれてきたのか」というような問いに対する答えは、節さんが天に聞くとどういう答えになるんですか？

節　簡単ですね。「Because you wanted. あなたがそうしたかったから」ということです。

祖父江　「あなた」という存在はなんなのですか？

節　自分の魂ですね。

祖父江　魂というのは「全体」ではないのですか？「個」なのですか？

節　エネルギー体ですね。先ほどの隈本先生のお話の通りです。人間としては個々なのですが、魂の段階になったときには「個」はないのです。全体になっているのです。地球に生まれてくるときに「個」になり、身体が存在し、一人一人になって、そして魂の存在のことを忘れてしまうのです。

第六節　ソウル、ハート、マインド、ボディ

～人間は四つの要素でできている～

節

人間は、ソウル、ハート、マインド、ボディの四つの要素からできています。

私たちの本質であり、本当の性格であり、本当のパワーを持っていて、過去世のことや、今世で何を達成したくて生まれ変わってきたのかなど、すべてを覚えているのが「ソウル」、つまり魂のことです。誰でも魂の存在であり、「全体」の一部なのです。つまり愛なのです。でも、人間はそれを忘れてしまっているのです。

人間が、今世での体験から感じている感情が「ハート」です。実際に自分が体験することだけでなく、人から聞いたことや、ニュースで見たことに対しても感情を持ちます。それも「ハート」です。

他人から傷つけられ、ショックを受けた、親に愛されなかった、仕事で失敗をして恥ずかし

かった、戦争のニュースを見て悲しくなった。人はさまざまな感情を抱きます。

「ハート」で感じた感情は、「マインド」（思考）に送られ、そこでストック（蓄積）されます。「マインド」の中で、図書館のようにラベルを貼って整理整頓し、体験・経験として、そして自分が認識した世界として、自分の中に蓄積していくのです。それは今世で自分の信じていること、そして思い込みとなります。「マインド」は思い込みであることがほとんどです。

自分は幸せにはなれない、お金持ちにはなれない、自分は可愛くない、自分は愛されない、自分は健康にはなれない、自分は百キロのダンベルを持ち上げることはできない、そんな思い込みは、すべて「マインド」が作り上げたものなのです。

そうした「ハート」と「マインド」の結果として現れているのが「ボディ」（肉体）です。

恋愛をするときれいになると言いますね。それは、好きな人から愛されたい、好きと言われたい、褒められたい、満足して欲しいと思うことで、姿勢がよくなり、体型を気にかけるようになり、髪型を可愛くしようとするからです。気持ちや、自分が信じ込んでいることが身体に現れるのです。

「私は癌に違いない、癌に違いない」と口に出して言ったり、思ったりしていたら、なかったはずの癌ができてしまうかもしれないのです。

自分が信じ込んでいること、自分が食べたり飲んだりするもの、自分の感情、考え方、そのようなことのすべての結果としてできているのが、「ボディ」、私たちの身体なのです。

頭の中で常にしゃべっているのは「マインド」です。「マインド」がすべての決めごとをしています。人間は、「マインド」であれもこれも、思い込んでしまっています。

「ハート」はわかる人とわからない人がいます。「マインド」の方はわかっているけど、「ハート」が分かっていないという人もいます。

でも、私たちの本質は「ソウル」であって、「ソウル」そのものなのです。「ソウル」が望んで、何かを体験しようと思って生まれ変わり、「ハート」や「マインド」ができているのです。

自分の本質「ソウル」がそうしたいと思って生まれてきて、そしていろんな体験を積んで、感じて、思い込んで、そしてそれが目に見える結果として現れてきているのです。

「ボディ」は結果でしかないのです。「ハート」や「マインド」が作り上げた結果でしかないのです。

ですから、人は、どう感じるか、どう考えるかによって、結果を変えることができるのです。

クライアントさんの感想（4）

「エナジークレンジングセッションを終えて」

岐阜　T様

何度かセッションを受けていますが、節さんとお話しさせていただくといつも、とても癒やされ、普段より穏やかな優しい気持ちになる気がしています。

どの分野にもプロ意識の高い職人さんのような方がいらっしゃいますが、セッションを受けるたびに、節さんはセラピスト分野の本当のプロフェッショナルだと感じています。節さんは常に相手の立場に立って、思いやりのある表現を使い「○○していただくようにお願いすることができますか」などと優しく提案をしてくださいます。また、そのアドバイスも的確だと思うことばかりで、実際の生活にとても役立っています。

ある時、節さんに、オンラインセッション（遠隔セッション）でエナジークレンジングをしていただいた際に、大変不思議な体験をしました。

目を閉じた状態で身体のエネルギーの状態を整えていただいたのですが、クレンジングが始まると、節さんが口からフッ、フッと強く息を吹きかけているような音が聞こえてきました。するど、その音に連動して、実際に節さんが息を吹きかけているかのように、僕の後頭部のうなじのあたりに息が飛んでくるのです。もちろんオンラインでセッションを行っているわけですので、本当にびっくりしました。

そして、本当にそれは五分ぐらいの短い間の出来事だったのですが、何も考えずにただその音を聞いていただけで、特に悲しかったわけではないのに、強制的にたまっていた涙が押し出されるように出てきたのです。クレンジングが終わって、節さんの「もう目を開けていいですよ。Tさんの後ろに私がお伺いしてクレンジングをさせていただきました。失礼しました」という言葉を聞いて、この人は本物だと感じました。

そして、感情をため込みやすい自分から、良くないものが出ていったような感じがあり、すっきりした気分になっていました。

この体験は、とても不思議な・・・そして貴重な体験でした。

助けが必要なすべての方に節さんのセッションを心からおすすめします。きっと困っている方と一緒に歩いてくれるはずです。

第七節　前世の記憶

祖父江　前世を覚えている子供がいますよね。「個」という切り口があって、それに対する前世があって、前世、その前の前世と、いくつもの前世を覚えている場合もあるようですが、魂の世界に上がっているときは忘れているのですか？

節　隈本先生、記憶についてはどう思われますか？

隈本　さっきの人間側からの話になりますが、レベル分けをするとすれば、「記憶」というのは人間の脳を超えたところにあるのです。その「記憶」を「自分」だと考えてしまうのです。

木があるとします。その葉っぱがそれぞれの人間なのです。木の側からするとただの葉っぱなのです。人間が生まれて死ぬということは、葉っぱが出てきて枯れて落ちるだけのことなのです。その枝に近いところにおそらく「記憶」があるということだと解釈できます。

節　隈本先生がおっしゃった葉っぱは、一つ一つ生きていますよね。一つの葉っぱを作っている細胞もまた、一つ一つ生きています。細胞は「個」なのですが、細胞の中にも「全体」の生命体があるのです。「個」の中に「全体」があるので、同じことなのです。細胞は単体なのですが、その中に全体があって、自分の身体の全体、ホリスティック（注）な全体があるということなのです。

（注）ホリスティックとは、全体的、包括的という意味の英語。身体面だけでなく、精神や霊気などを含めた全体を治療の対象として捉える医療のことをホリスティック医療と言います。

隈本　そうそう。部分と全体は同一なのです。その全体のことを昔の人は「マクロコスモス」（注）と呼んだのです。「ミクロコスモス」と「マクロコスモス」は同じことなのです。部分と全体は同じなのです。部分と全体は違うというのは人間側の視点なのです。

（注）大きな世界（大宇宙、マクロコスモス）と小さな世界（小宇宙、ミクロコスモス）を対比させた概念で、このふたつのコスモスが照応するという考え方です。通常は宇宙と人間を指します。人間の中に大宇宙の本性や能力が内在し、また逆に大宇宙そのものが一人の人間と同様であると考えます。

祖父江　そうですね。でも、前世を覚えているということはどういうことですか？「部分」だった人が死んで、「全体」に吸収されてしまうのに、また次に生まれてきたときに前の「個」の記憶があるというのはどういうことですか？

隈本　人間はこの環境でしか生きられないのです。空気があり、生命体はこの空間の中で循環しているのです。皮膚で囲まれてはいますが、炭酸ガスの入れ替えや、栄養の入れ替えを行っているのです。その「個」をどこで切るか、どこで線引きするかということなのです。皮膚で切るのか、それとも空間で切るのか。つまり人間側の視点で、言葉によって、どこで区切っているのかという話なのです。

祖父江　でも、前世を覚えているとか、ここに亡くなったおばあちゃんが出てくるといった話は、「個」で切れている話ですよね。

節　それは地球レベルに近いのです。地球は三次元ですよね。次元が上がるにつれて「個」はなくなっていくのです。おばあちゃんや前世というのは、地球レベルに近いところの話なのです。

隈本　心臓移植をすると、前の心臓の持ち主の記憶がよみがえるという話があります。また事故にあったときに、身体は生きているけれど、他の人の意識が入ってしまい、そのまま生き続けてしまったといった話もあります。

人間側から言う「個」と「記憶」はイコールではないのです。「個」の肉体と「個」の記憶は完全一致ではないのです。節さんがおっしゃっているようにレベルによって、濃度が濃かったり希薄だったりするわけです。

祖父江　ということは、今、生きているこの自分という「個」とぴったり一致しているわけではないけれど、それに伴って今の人生の「記憶」があり、地球に近い三次元にいる間は、自分が望めば忘却の水を飲んで、過去世のことを忘れて生まれ変わるけれど、稀に、前世の「記憶」を持って生まれ変わってくる場合がある。そして何度も何度も生まれ変わっているうちに、次元が上がっていくと、次第に「個」や「この記憶」は全体の中に消えて行ってしまう・・・というこことなんでしょうか。

私は催眠療法を学んでいたことがあります。催眠療法は、一般的にはトラウマの解消や、悩みの解決のための心理療法として使います。催眠状態で子供の頃の記憶を思い出し、脳の海馬に刻まれた子供の頃の記憶を癒し、記憶し直させることでトラウマを解消させようとするものなのです。

そのとき、なぜか過去世までさかのぼってしまう人がいて、その過去世が本当のものなのかどうかはわからないけれど、子供の頃のトラウマと同様に催眠中に過去世の記憶を癒すと、実際にトラウマの症状が治るということがあるのです。それを本にまとめて発表されたのが、アメリカの精神科医のブライアン・ワイス博士（注）で、「前世療法」という本は日本でも有名です。私はアメリカまで博士のセミナーを受けに行ったこともあります。

（注）ブライアン・ワイス博士は、退行催眠療法で前世記憶を思い出すことにより現在抱えている病気が治るなど治療に役立つとし、一九八六年に「Life Between Life（前世療法）」を出版。その後、多くの治療現場で退行催眠が行われるようになりました。退行催眠で思い出す前世の記憶は虚偽であるなどの批判もある一方、歴史上の事実と照合されたり、催眠中に過去の言語を話したことが確認されたといったケースも挙げられています。

症状が治るなら、過去世が本当かどうかはこの際どうでもいい、という考え方もありますが、一方で、思い出した過去世が真実なのかどうかについての研究も行われていて、さまざまな証明がされているケースもあります。

私も実際に、クライアントさんを過去世に催眠誘導したら、目の前でいろいろと過去世のことを思い出し、大声で泣くといった場面に遭遇したことが数多くあります。それが真実なのか妄想なのか私にはわかりませんが、クライアントさん達は、本当にそれで楽になっておられました。

第八節　ソウルメイト

祖父江　ソウルメイトと言われるものがありますよね。ブライアン・ワイス博士の本にも「ソウルメイト　魂の伴侶」というものがあります。前世で一緒にいた人と、今世でもまた出会うという話です。あれは本当にあるのでしょうか？

節　ソウルメイトはあります。

私は、人間としての意識があるときに、魂の自分に戻ったことがあるのです。そこでは、自分がまだ「個」の存在だったので、「私」という意識がありました。そのとき私は宇宙に浮かんでいて、肉体はないのですが、「私」という意識があったのです。

そして、そこにもう一つの魂がいました。それがソウルメイトだったのです。そして、テレパシーでその魂がコンタクトしてきました。それは、一瞬の出来事でしたが、「言葉」を伝えてきたのです。といっても、こういう「言葉」ではなくて、テレパシーでした。

夜空の星がとても美しく輝いている宇宙に、ぷかぷかと浮かんでいる感じだったのですが、その相手からその「言葉」を受け取った瞬間に、私たちは「全体」になったのです。一瞬にして、「個」ではなくなり「全体」になったのです。これが魂の世界であり、私たちは「全体」なんだということが分かったのです。私たちの「個」の体験は溶けてしまい、「全体」になったのです。

その体験を色も圧力も全部、はっきりと記憶しています。その魂からの「言葉」が届いた瞬間、「わんっ」と「全体」になったのです。それは光になる直前だったと思います。だから隈本先生がおっしゃっていることがとてもよくわかります。

人間が地球上で肉体を持ち、あくせくしているのは、ただ体験をするための一時的なことにすぎないのです。そういう場所を選んで、そういう身体を選んで、そういう体験をするために、魂を成長させるために、選んでここへ来た、そういう一時的な場所でしかないということなのです。

なぜここへ来たのかと言われたら、自分がそうしたかったからです。

第九節「悟り」と「観照」

隈本　今、節さんがおっしゃったことについて、二つお話しします。

一つは、星がたくさん見えて、その中で自分が希薄になっていくというのは、そのまま全く同じことだというわけではないのですが、昔の人が、「星の世界」、「アストラル」と呼んでいたものだと思います。その星の世界がどういう仕組みになっているかというのを学問にしたのがアストロロジー、つまり占星学なのです。今おっしゃったのはアストラルの世界、星の世界のことだと思います。

もう一つは、スタートレックの「ディープ・スペース・ナイン」というシリーズに出てくる「オドー」という準主人公的な存在のことです。それは「流動体生物」といいます。「全体」なのですが、「個」としての存在なのです。仲間が来て、くっつくと「全体」に戻れるのです。そういう存在をスタートレックが描いています。「全体」に戻りたいという欲求があるのですが、「個」としての経験もしなければいけないという葛藤があるのです。そういうことがスタートレックの中に描かれていたので、節さんのお話はオドーが他の人と出会って全体に回帰した話とそっくりだと思いました。

節　上の世界ではテレパシーで意思疎通をすることができ、距離や時間はないのです。瞬間的に「全体」になるという経験ができます。そこから覚めて、節という肉体に戻ったときは、時間と距離が出てきますし、本当は肉体も「全体」とつながっているのですが、頭で思ったことが、簡単に他人には伝わらなくなるのです。

日本語で言うと安っぽく聞こえてしまいますが、上の世界には「愛」しかないのです。地球で言う愛とは違う、本物の「愛」になったときに、「全体」になるのです。

隈本　例えば、左手が怪我をすると、無条件に右手がそれを治そうとします。治そうという意識はないのです。これを仏教では「慈悲」というのです。左手が怪我をしたときに、右手が無条件の愛を持って助けるので、それが「全体」となるのです。

節　人間界で感じる愛と、そのときの「愛」は全く違う大きな愛であり、強い愛であり、確固とした愛であり。言葉では表せない至福感だったのです。あの体験をしてしまうと、人間界で生きていくのはつらいことなので、戻ってきたときは、とても悲しくなりました。

祖父江　そのご経験は一回だけなのですか？いつでも行けるわけではないのですか？

節　一回だけです。意図して行ったのではなく、無意識でした。瞬間的に起きたことです。

隈本　意図しては行けないのです。人間を囲んでいる壁が強いからです。「全体」から呼ばれないと行けないのです。要するに自分が経験するのではないのです。自分が何かということを問い続けていく中で、自分というものが消えてなくなったときに、初めて経験できることなのです。

祖父江　それは「悟り」ではないのですか？

隈本　それは違います。これは「観照」（注）と呼ばれるものです。自分から見るのではなく、全体側から見てもらうということなのです。

「悟り」というのは状態のことをいいますが、これは「観照」という一種のきっかけなのです。

（注）観照とは、主観を交えず、対象のあるがままの姿を眺めること。冷静な心で対象に向かい、その本質をとらえることを意味します。ここでは「個」としての主観が全くなくなった状態で、ありのままの世界を見ることを指しています。

節　それを「悟り」と呼んではいけないのですか？

祖父江　そういう経験をしたから、お釈迦さまは「諸行無常」などに気づいたのではないのですか？そういう経験をしたから、人間側、つまり「個」であるままの人たちに、それを言って聞かせようとしたのではないのですか？

隈本　その世界は「言葉」では表せないのです。そのことを他人に「言葉」で説明することはできないのです。本人が「観照」の状態にならないとわからないのです。

だから、求めて捨てるのです。つまり、その状態を知りたいと求め、自分がそこには到達できないと知り、最後にすべてを放棄すると初めてたどり着けるのです。

祖父江　インドに行って、長い間、ずっと瞑想を続けている人などが求めているものもそういう体験なのではないのですか？

隈本　体験ではなくて、それが事実だということを知ること、それを求めているのです。

祖父江　そう、「知る」こと。みんなが求めていることはそこなのではないかと思うのですが。

隈本　そうだと思いますが、ただ、人間が知るのではないのです。

「知る」という表現の仕方も、少しおかしいのです。「個」が知るのではなく、「個」を捨て、「個」の主観が全くなくなった状態で「全体」から見る、観照する、「全体」であることを知る、ということなのです。

西洋ではりんごをかじるといいます。エデンの園でりんごをかじるのです。りんごをかじると、カチカチの硬直した「個」である人間になってしまうのです。

僕は禅が好きだから禅の言葉を使いますが、日本の禅を世界に広めた人で、鈴木大拙先生(注)という方がいらっしゃいます。この方が一九五〇年代にコロンビア大学で講演をされたときに、ひとりの学生がエデンの園の話をしました。自分たちはりんごを食べてしまったのですが、どうしたらいいのでしょうかと先生に聞いたのです。すると先生はこともなげに「もう一回かじればいい」とおっしゃったのです。なぜそうなってしまったかを知ればいいんだと。

りんごをかじってしまうということが、全体の視点から人間の視点に落ちてしまったということの象徴なのです。そういう構造になっているということを知りなさいということなのです。それをもう一度「全体」側に戻すことこそが人生なのだということを知りなさいということなのです。

そのとき鈴木大拙先生は、西洋文化を持っている人に、それをどう伝えるかを考え、もう一回りんごをかじりなさいと言ったのです。

(注) 鈴木大拙氏(一八七〇年~一九六六年)は、禅についての著作を英語で著し、日本の禅文化を海外に広くしらしめた仏教学者(文学博士)であり、一九四九年に文化勲章を受けています。

祖父江　もう一回りんごをかじると「全体」からの視点に戻れるということですか？

隈本　そういうことです。

節　りんごをもう一回かじると、もっと人間側になってしまうということはないのですか？

隈本　これは例えですからね（笑）

第十節　輪廻転生

祖父江　輪廻転生で、七回くらい生まれ変わったら、その後、生まれ変わらなくてよくなるという話を聞いたことがありますが、本当ですか？

節　そんな話は嘘ですよ。みんな何百回も生まれ変わりますよ。

祖父江　何百回ですか！

節　人によりますけど。新しい魂で、まだ前世の数が極端に少ない子たちもいっぱいいます。

祖父江　何度も何度も生まれ変わってきて、カルマを作ったりしながら、だんだんと浄化されて行って、澄み切ったら終わっていく感じですか？

節　私はそう理解しています。

隈本　どの視点で表現するかによりますね。

祖父江　どうしても「時間が存在する」という人間側の視点になってしまいますが、今世で悪行を重ねると来世でひどい目に遭うから、いいことをしなければならないというのは、人々を真面目にさせるために宗教的に作られた教えのようにも思えますが、どうですか？

隈本　社会学的な、大衆コントロール法としての宗教もあります。

祖父江　そういうのもあるのでしょうが、本当に、そういうことのために生まれ変わるのでしょうか。

隈本　そもそも、左手が右手を攻撃するのかということなのです。

祖父江　善悪の定義や愛の定義は、人間が頭で考えていることがすべてではないかもしれないと思うのです。例えば、宇宙は、破壊を繰り返していて、そのうち私たちがいる天の川銀河もお隣のアンドロメダ銀河と衝突してしまうわけで、宇宙は必ずしも調和を目指しているとは限らないようにも思ってしまいます。

隈本　それは宇宙論でね。

祖父江　宇宙にとっては破壊が「美」であり「善」であるのかもしれず、所詮、人間ごときが宇宙の真理を語ることはできないのかもしれないと思ってしまいます。自然災害や争いごとが永遠に続くこの世の中を見ていると、宇宙が平和や調和や、人間がイメージする愛や善を本当に目指しているのかと疑問に思ってしまうのです。

隈本　古代からの定義があります。人間は頭で考えるときに「言葉」にしないと落ち着きが悪いのですが、七十六ページの図3で、内の方に行く方が、一般的に善なのです。こっちから外に行くほど悪なのです。それが占星術の記号にもなっています。外側が重い世界。内側が軽い世界。これが古代から使われているモデルになっています。だから、分離していくのではなく、一体になる方、「全体」の方向性に戻そうとするのです。

祖父江　内側に行くのが善であるということですか？

隈本　そうそう。この中心に向かうのが、「善」です。「個」ではない方です。

祖父江　ワンネスですね。

隈本　そうです。昔から使われているモデルではそのように表現されています。

祖父江　輪廻の中で、人間は他の動物とは別物ですか？人間も生まれ変わって虫になったりしますか？

隈本　わかんない（笑）

節　お釈迦様はそういうことを教えていないのですか？

隈本　それについては黙っていたのです。

節　実は私もよく人から質問されるのです。私も、わからないと答えています。

隈本　鹿に毒矢が刺さったとき、「なぜ、毒矢が刺さると鹿が死ぬのだろう」などと考える前に、毒矢を抜けという逸話があります。つまり、その答えがわかっていたとしても、それを言うと余計に混乱を招くから、お釈迦様もそれについては黙っていたということなのです。そんなことを考えている暇があったら自分で行動しろと。

祖父江　人間と人間ではないものとの間に区別はあるのかなと疑問に思ったのですが。

隈本　人の視点ではそういうことを知りたいのです。でも全体の視点からすると、それは枝葉にしかすぎないことで、幹ではないということなのです。だから仮に知っていても言わないということなのです。

祖父江　そういう問いに対する答えは知ることができないということなのですね。

隈本　そうそう。基本的にはね。

節　私はその答え、知らないですよ。そこまで達してないです。

隈本　基本的にそういう答えは言わないのです。

そもそもこの空間の中で、私たちは炭酸ガスを出し、酸素を取り入れています。そのようにして自分という「個」を取り囲んでいる皮膚を越えて交流しているのです。その「自分」という「個」はどこまでなのか、体内に入っている酸素や、吐き出した炭酸ガス、どこまでが「自分」なのか。その区切りをつけているのは「言葉」だけなのです。言葉が、「あなた」とか「私」と言っているだけなのです。

実は西洋の文化では「個」の区切り、アイデンティティが強いのです。英語では主語が何かということをセンテンス（一つの文）の中で言わなければなりません。日本語では主語は必ずしも必要がありません。あいまいなのです。日本人は主語があいまいなまま文章を話すのです。それは、自分というものが希薄だということなのです。この場合の希薄というのは悪い意味ではなく、本来、日本人の方が、西洋人よりも「全体」に溶けていたということなのです。実は言語を調べるとそれがよくわかるのです。言語というものがどういうふうに成立したかによって、その文化がどのくらい個をカチカチに硬直させてきたかということがよくわかるのです。

節　英語は主語が来てから動詞が来ます。誰が何をしたかが最初に来て、あとは飾り言葉ですね。

隈本　そうそう。最初に誰が何をしたかということがあって、あとは説明するということです。私はこういうことをしたと先に言う。日本語にはそれはないのです。主語もなく、なんか薄いのです。

祖父江　キリスト教は輪廻転生を認めていないですよね。

隈本　キリスト自身ではなく、キリスト教を制度化した人たちが、輪廻を否定したのです。

節　聖書の原本には書いてあるのです。人間が消去したのです。

隈本　「ニケーア公会議」（注）という宗教会議で、これは聖書に載せましょう、これはやめましょうと決めたのです。

（注）三二五年に現在のトルコ共和国のニケーアという町で開かれた、キリスト教史における最初の全教会規模の会議のことで、分裂してしまいそうになっていたキリスト教の教義を統一するために開かれた会議のことです。七八七年にも第二ニケーア会議が開かれています。

節　なぜならコントロールできなくなってしまうからです。

祖父江　輪廻を認めるとコントロールできなくなるのですか。

隈本　そうです。本来は、地中海周辺文化は輪廻文化だったのです。しかし、ニケーアで、何を聖書に載せるかを決めたのです。原始キリスト教では瞑想もしていました。コプト（注）と呼ばれるキリスト教信徒がいるのですが、コプトの人たちは実は瞑想もするのです。それが元々のキリスト教なのですが、変化したのです。システム化され、体制を維持しやすいように作られたのです。そして、武力王と宗教王が分けられ、その後、それが世界のトレンドになり、宗教王が武力王を認定するという形になり、またそれが世界のトレンドになる。そのように次第に変化していったのです。

（注）コプトとは、エジプトで発展したキリスト教の一派で、エジプト人の約一割を占めます。

節　宗教は人間が人間のために作ったものですからね。

隈本　仏教もそうなのです。原始の仏教は今とは違うのです。現代の仏教は、人間のために改造された仏教なのです。原始的な仏教は異なっているのです。しかし、人間が次第に変えていくのです。人間の悲しいところですね。占いもそうなのです。一番重要な部分は「全体」のことに気づかせる作用であるはずなのに、次第にそれを排除してしまったのです。ですから、僕はそれを戻したいのです。

節　素晴らしい。

第三章

この人生を生きるために

第一節　チャクラを整える

祖父江　チャクラというのは、どんなもので、どんなふうに何が流れているのですか？

節　チャクラはエネルギーポイントなのです。チャクラは無数にあり、日本やアメリカでは身体の真ん中にあるとされていますが、他の国では違う場所にあるといわれることもあります。ですから、場所についてはわかりやすいから真ん中に揃えたということだと思います。

それぞれのチャクラはエネルギー体なので、形はありません。エネルギーは動くので、人間の体の中でサークル（円）になって回っています。それぞれのポイントが精神と肉体の両方に関係があり、そこを見ると、その人が今どういう状態にいるかがわかるのです。自分のチャクラを見ることができないので、人間はいろいろな機械を作り、チャクラの写真を撮ることもできるようになっているのですが、本当は、人間は誰でも見たり感じたりできるものなのです。人間には見ることができないと信じているから、機械を作ったりしてしまうのですが、本来は、内観をして自分の身体とつながればわかるはずのものなのです。チャクラの状態がオーラとして外に出ているので、チャクラの状態を整えると、自分の精神や身体の状態を改善することができます。

インドの人がエネルギー体を見たとき、そのエネルギーが回転していて、車輪のように見えたので、サンスクリット語で、車輪という意味である「チャクラ」という名前になったそうです。

例えば、恋愛でも仕事でも、うまくいかないことがありますよね。また、人間関係をコントロールしようとしているとき、そんなときには胃が痛くなったりします。それから、面接の前などに緊張することがありますよね。そういうときにも胃の辺りが痛くなることがあります。ここにはコントロールチャクラ（第三チャクラ）というのがあって、自分でコントロールしようとしすぎてうまくいかないと、そこが痛くなるのです。

ここは本来、黄色い色なのですが、そういうときは、エネルギーの回転がガーッと速くなっているか、逆にほとんど動かなくなっています。そして、色は黄土色だったり、とても黒っぽくなっていたりします。

人間は自分がエネルギー体だということを意識できないので、自分がエネルギー体だということを頭で理解します。そして、ここがチャクラのポイントだと想定されている場所をイメージして、まず深呼吸します。

人間は、マインド（思考）とハート（感情）とソウル（魂）とボディ（肉体）に分かれていると申し上げました。チャクラが整っていないときは、この四つがバラバラで、散漫になっているのです。

深呼吸をすると、それらがふっと真ん中に寄ります。そうすると落ち着いて考えられるようになります。深呼吸をすることによって内観をする準備をするのです。

そして、この場所にきれいな黄色を思い浮かべて、くるくるくるくる、速すぎず遅すぎず、回転するところをイメージします。集中していくと、その部分がだんだん温かくなってきます。それが、想像で作りだしていることなのか、本当にその場所に起きていることなのかを考えることは、あまり大事なことではありません。自分のエネルギーとつながる、つながろうとする行為自体が大切なのです。うまくいくと、くるくるゆっくり回り、エネルギーがどんどん洗練された美しい黄色になってきます。すると、「わん」と、とても美しい黄色のオーラが放たれるのです。キラキラ輝くのです。するとこの場所の状態がよくなっているのです。

七つのチャクラのうち、第一チャクラは地のチャクラで、私が隈本先生に弱いと指摘されたチャクラです。色は赤や黒です。ここはビジネスや健康、人間関係に関係するチャクラです。

私はここが弱く、隈本先生の占い鑑定でもそう指摘されてしまいました。

祖父江　占いに出ているのですか？

隈本　ホロスコープに出ていますよ。

節　私は金銭のことや、健康のことは二の次になってしまうのです。現実的なことが全然ダメなのです。そこをきれいな赤にイメージするのです。色はとても大切なのです。

石を使うこともあります。石も生きていて、エネルギー体なのです。石が治してくださると信じるのです。木や花などの植物も同様です。そういうふうに、自分を癒していくのです。

自分がエネルギー体だと理解して、自分の治癒力を高めていくことで、精神も落ち着き、また肉体も整っていきます。そうすると、隈本先生がおっしゃった皮膚で囲まれていることを超えて、エネルギー体である自分とつながることになります。瞑想状態になり、皮膚で囲まれた肉体を超えた存在、「全体」とつながることができるのです。人間は色の影響を受けやすいので、健康や、精神的に落ち着くために、チャクラ瞑想は人間に合っている方法だと思います。ただ、私は、この色がどこから来たものかは知らないのですが。

祖父江　節さんには、チャクラの色が見えるのですか？

節　はい、見えます。その状態がどうなっているかはすぐにわかるし、手を当ててもわかります。

祖父江　オーラも見えるのですか？

節　いつも皆さんに申し上げているのですが、サイキックの力は誰でも持っているものなのです。誰でもオーラが見えてもおかしくないし、幽霊が見えてもおかしくないのです。幽霊が見えるからといって特別でも何でもありません。オーラには色や形があるので、目で見えないとしても、みんな感じてはいるのです。

その人と友達になるべきか、付き合うべきか、その人はいい人なのか悪い人なのか。そのようなことは、直観で感じているはずなのです。瞬間的に判断しているはずなのです。

それは、普段は眠っているサイキックの能力が、一瞬「わん」って起きて、そしてその情報を直観的に受け取っているということなのです。

オーラは、自分でコントロールできるものではないので、嘘をつくことができないのです。ですから、第一印象で「ぱん」と受け取ったものは本物なのです。相手とゆっくり話し始めると、人間はだんだん自分を良く見せようとし始めるので、嘘が多くなったりしますよね。その場だけいい人間だと見せようとしたりします。初めてのデートのときとかね。でも、最初に受け取った情報が本質的な情報なのです。

隈本　占いも、最初の頃は、節さんのような人がいて、その人が特殊な能力を使って色を見たり、いろいろなものを感じ取ったところから始まったのです。そのときに活躍したのが、目の見えない方です。目の見えない方は聴覚がとても発達していて、他の人間には聞こえないような響きを感じることができることもあります。古い占いの文献を調べると、占いの基盤を作った人たちは、現代的に言うと特殊能力者なのです。それがずっと続いているのです。例えば星を見て、オーラのようなものが見えたというようなことが書物に書き残されています。すべてはエネルギーであること、人間はエネルギー体であること、それがわかる人には見えていて、それをわからない人に伝えるために、仕組みを作った、それが占いなのです。そうとしか考えられないのです。例えばこの部屋の中でも、特殊能力者は、こっちの方向にはどんな色が見えるとか、そういうことを感じ取っているのです。

節　私には明らかにエネルギーとして滞っているところや、調整をしなければならないところが見えるので、スペースクレンジングで場を浄化し、守りを付けたりします。

隈本　昔、石に本当にパワーがあるのかどうかということを検証するために、何人もの能力者に同じ石を見せ、そこから出ているエネルギーを絵に描いてもらったということがあるそうです。複数の能力者が描く絵を比較し、どのくらい一致しているかを確認するといった実験が数多く文献に記録されています。古代に特殊能力を持っていた人が音や色を感じて占いの基盤を作り、それをあまり能力がない人でも使えるように形づくっていったものが今の占いなのです。私にはそのように見えるのです。

占いがなぜ「全体」の方の視点に気づかせるものだと思うかと言うと、占いを研究すればするほど、そういう背景が見えてくるからなのです。人を囲んでいる点々が薄い人たちが「全体」を感じ、そうした「全体」の視点があるのだということを、頭の固い、点々の濃い「個」の側の人たちにどのように伝えればいいか工夫してきた、そうしてできたツールが占いなのです。そういう点からすると今の話は完全につながります。

例えば、チャクラも音楽と結びつけられていたのです。インドの音楽に「ラーガ」（注）というものがあります。それで全体の場を音でコントロールするというのです。人体が楽器で、響きに合わせる、チューニングする、それで全体の場を音でコントロールするというのです。プラトンも音が人間のマインドなどに影響を与えると書いています（注）。西洋の古代では、そういうことは当たり前のように行われていたのです。こういうハーモニーはこんなふうに感じる。明るい音やメジャーな音がすると元気になり、レクイエムのようなマイナーな音がすると暗くなる。そういうことをプラトンが書いているのです。音楽と響きと人間の心身がダイレクトにつながっているのだということを言っているのです。

（注）ラーガとは、インドで使用される非常にきめの細かい旋律を構築するための規則で、音列と同時に、メロディーの上行・下降の動きを定めたりするものです。

（注）プラトンは古代ギリシアの哲学者で、ソクラテスの弟子であり、アリストテレスの師にあたり、西洋哲学の主要な源流を作りました。そして、音楽を「魂の調和」を促すものとして教育に取り入れました。

節　だから音楽療法があるのですね。

祖父江　周波数ですか？

隈本　周波数とかバイブレーションという言い方もできますね。

祖父江　色も周波数ですか？

隈本　そうです。

節　だから、カラーセラピーがあるのですね。

隈本　僕は小学生の頃、アマチュア無線をやっていて、そこから占いの方にシフトしたのです。アマチュア無線の経験から、全部が周波数でつながっているのだということを感じたのです。調べてみたら占いがその通りだったのです。

例えば占星術は、円周の中でどこのポイントがどう共鳴するかというものです。それは、弦の中でどこを押さえるとどんな音がするかというのと同じことなのです。占星術のことを中世の人は「天球の音楽」と呼びました。これは易でも同様です。易も音が基盤となってできています。人間の五感の中で一番性能がいいのが聴覚だそうで、聴覚によって微細なものを感じる能力、それが占いの元になっているのです。それを逆にたどれば、人にはそういう能力があるということなのです。

第二節　チャクラ瞑想の仕方

節

1　最初に深呼吸を三回します。鼻からゆっくり息を吸って、口からゆっくり吐きます。それを三回行ってください。

2　チャクラ瞑想は、第一チャクラから第七チャクラまで順に行うことが大切です。それぞれのチャクラの色を意識して、きれいな色を思い浮かべます。

まず、第一チャクラのきれいな赤色を思い浮かべてみましょう。きれいな赤い色を思い描くことができたら、それを第一チャクラの恥骨の場所にゆっくりとおろしていきます。

3　きれいな赤色を恥骨の場所におろせたら、それがくるくると優しく回る様子を思い浮かべます。回ることが大切です。早すぎても遅すぎてもいけません。自分が一番心地よい速度でおおらかに回ります。色がどんどんきれいな赤になっていくところを思い浮かべます。黒ずんだ赤や、薄い赤になってはいけません。

4 鮮やかな赤い色になり、最後にきれいな赤色のオーラが放たれ、その場所が暖かく感じたら、第一チャクラは終了です。次のチャクラへ移ります。

5 **2**から4までを深呼吸をしながら一つ一つ第七チャクラまで行っていきます。

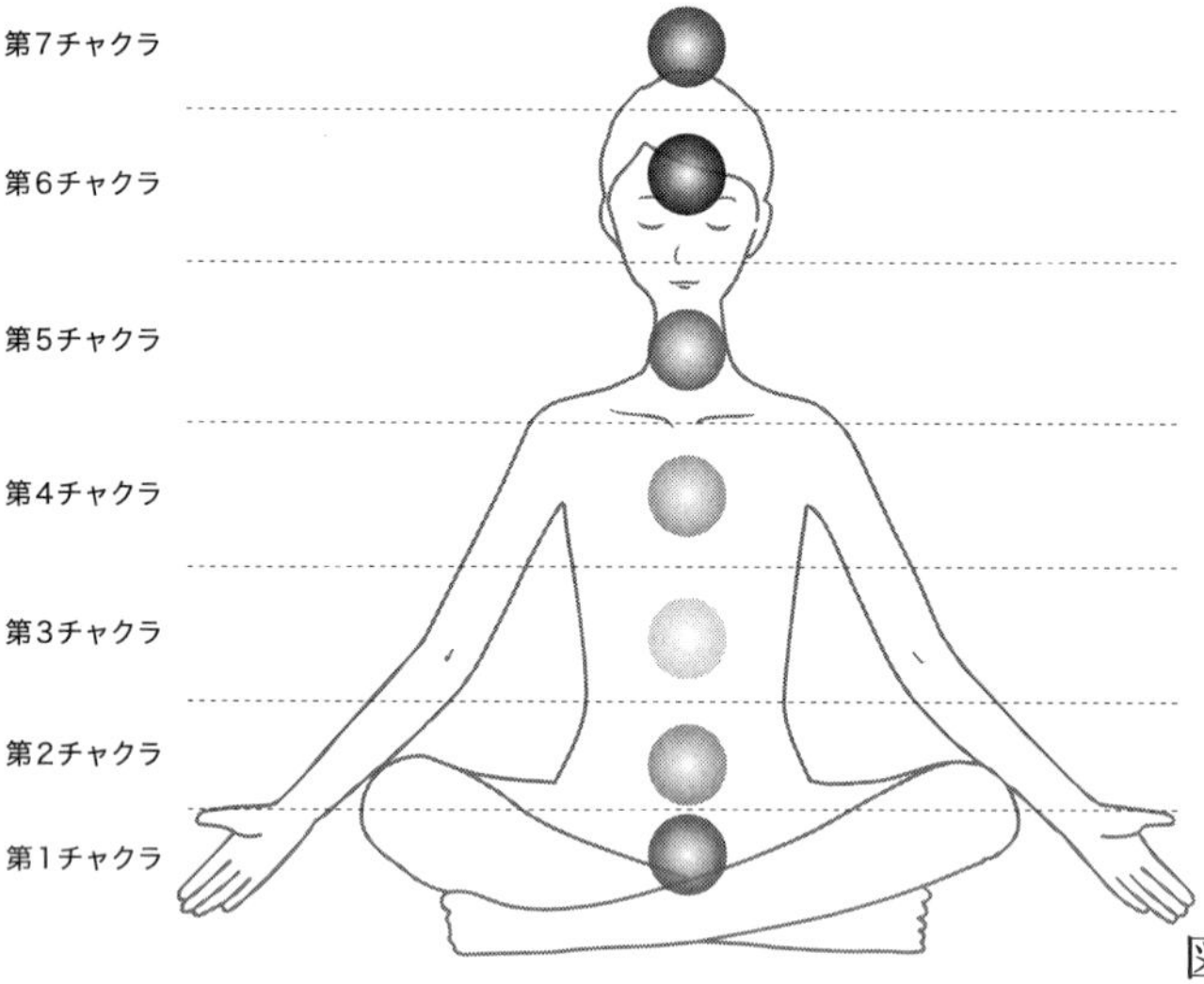

図4

チャクラ	場所	色	意味
第7チャクラ	頭頂	紫・白・金色	天や大宇宙、ハイヤーセルフとつながるチャクラ
第6チャクラ	眉間 第三の目	紺色	第六感や守ってくれている存在からメッセージを受け取るために必要なチャクラ
第5チャクラ	のど	水色	自己表現やコミュニケーションに関係するチャクラ
第4チャクラ	胸腺 心臓	緑・ピンク	愛すること、愛されること、許しなど、愛や癒し、心の解放に関係するチャクラ
第3チャクラ	胃 みぞおち	黄色	あらゆる環境で起こり得る「コントロール」に関係するチャクラ
第2チャクラ	丹田	オレンジ色	生命力、ホルモン、女性性、喜びなど、大宇宙と直結しているチャクラ
第1チャクラ	恥骨	赤・黒	仕事、お金、男性性、人間関係など、地球で生きていくために最も必要なチャクラ

※ここで節さんが言う「大宇宙」とは、魂や守ってくれている存在、天使など、そしてそれらを越えて、全体であり無である見えない世界すべてを意味しています。
※チャクラのカラーについては、本のカバーの折り返しもご参照ください。

▼一つのチャクラに集中して行いたい場合

例えば、自分のことを人に対してうまく表現することが苦手な人や、仕事で発表をする前、または、誰かと話し合う前に、第五チャクラ（喉のチャクラ）を開きたいという場合は、このチャクラに集中してじっくりと行います。

但し、一つのチャクラに集中したい場合でも、基本的にすべてのチャクラのバランスが取れているということが大切です。

第一チャクラから順にきれいな色のチャクラが心地よい速度で回っているのを思い浮かべていき、喉のチャクラのところで時間をかけて行ってください。

全部のチャクラのバランスが良くなり、初めて第五チャクラのバランスも良くなります。短時間でいいので、全部のチャクラの瞑想を行ってください。

第三節　何を信じるか

祖父江　私は数年前、一人でアメリカのアリゾナ州にあるセドナに行ったことがあります。セドナはご存知の通り、世界でも有名なパワースポットです。グランドキャニオンの近くにあり、赤茶けた岩の山が続く美しい景色で有名です。サイキックが多く集まっているとも言われています。

セドナに行ったとき、サイキックの人と一緒に山に登るというツアーがあったので、申し込んでみました。サイキックだという二十代の若いアメリカ人の女性が車で迎えに来てくれて、二人でパワースポットの山に登ることになりました。私はそういうことにとても興味があったので、山に登りながら、その人にいろいろと質問しました。

その人は、節さんと同じように、生まれたときからそういう力があって、自分に見えているものが周りの人には見えていないことで混乱していたそうです。スーパーマーケットに行くと、あれやこれやといろんな声やメッセージがたくさん聞こえてきたり、いろいろな霊がたくさん寄ってきて、いろいろなことを言われたりして大変だったと言っていました。ニューヨーク生まれの人でしたが、ニューヨークにいるのが辛くなって、十八歳の頃にセドナに逃げて来たら、セドナには理解してくれる人が多かったので、とても生きやすくなり、そして、その力を使ってセドナで生活するようになったと言っていました。可愛らしい女性でした。

私には背の高い厳しい男性と、今はやる気があまりない女性の守護霊がついてくれていると言っていました。それが本当かどうか、私には検証のしようがありません。

サイキックだとか、霊能者だとかいう人は、世界中にたくさんいますが、素人の私たちには本物なのか偽物なのか区別をするのが難しいので、いつもだまされないか心配しながら、何かしら証拠を探して確認しようとしてしまいます。

節　セドナで、観光客目当てにサイキックだと称している方々には気をつけないといけませんね。

隈本　宗教の世界では、「あなたも神様のような存在なのだからそれに気づきましょう」という教えと、「私が神の代理人だから、私の言うことを聞きなさい」という教えがあります。現代においては、最終的に自分の利益の方に引っ張ろうとするものと、そうではないものに分けられます。そういう観点を持っていると、その人が本物かどうかというのは区別しやすいかもしれません。

祖父江　後者の「私が神の代理人だから、私の言うことを聞きなさい」というのは、悪徳な新興宗教が分かりやすい例ですが、前者の、「あなたも愛なのですよ」というようなことをメッセージとしては言っているけれど、そういうメッセージをうまく使って、自分の利益の方に引っ張ろうとしている人もたくさんいます。

節　日本に限らないのかもしれませんが、今の日本人は特に、「引っ張ってもらいたい、自分を変えてもらいたい」という受け身の人がとても多いように思います。

強い口調を使い、例えば、「あなたには霊がつきやすい」などと言われると、言われた人は楽になるのです。自分のせいではなく、霊がつきやすいからこうなのだと思えるからです。

「私、私、私」、「自分、自分、自分」と「個」を強く打ち出している人がそういうことを言うと、その人になら自分を変えてもらえると思うから、その人のところに多くの人が集まってしまうのだろうと思います。

隈本　いつの時代もそうなのです。それは変わらないのです。どの国でも、どの文化でも、どの時代でも、実はそこは全然変わっていないのです。八割くらいの大多数と、二割くらいの残りの人たちという比率なのです。あるいは二十二パーセントと七十八パーセントという数字もあります。本物は二十二パーセントで、残りの七十八パーセントの人はそうではない。その割合は、いつの時代も変わらないのです。

祖父江　セドナのお店で、マサチューセッツ工科大学（注）を卒業しているピート・サンダースという人の「You are Psychic!（あなたはサイキックだ！）」という本をみつけ、面白そうだったので買って帰って、ホテルで読んだのです。そして、興味を持ったのでインターネットで検索してみたら、たまたまその翌日に、その人のセミナーがセドナで開催されると知りました。その人自身がセドナ出身の人だったので、セドナでよくセミナーをやっていたようです。そこで、すぐに申し込んで、その人のセミナーに行きました。

（注）マサチューセッツ工科大学は、アメリカ合衆国マサチューセッツ州ケンブリッジに本部を置く私立工科大学で、通称はＭＩＴ（エム・アイ・ティー）。全米屈指のエリート名門校の一つとされ、ノーベル賞受賞者を多数輩出し、Quacquarelli Symonds という最も古く権威ある世界大学評価機関による世界大学ランキングでは、二〇一二年から二〇二〇年まで、九年連続で世界第一位の大学です。なお、東京大学は二〇二〇年に二十二位、京都大学は三十三位となっています。

節　それは偶然じゃないですね。

祖父江　セミナーを受けて、そのあと個人セッションもお願いしました。その本は、とても面白くて、いろんな国の言葉に翻訳されて出版されているのですが、日本語版はまだ出てないので、私が翻訳して日本語版を出版したいくらいです。

マサチューセッツ工科大学を卒業したくらいの人なので、サイキック能力について、とても論理的に書いてあるのです。

その人の個人セッションを受けたら、サイキック能力を開発する方法を教えてくれるのかと思ったら、そういうセッションではなかったのですが。

節　どんなセッションだったのですか？

祖父江　コーチングに近いようなセッションでした。その人は小さい頃にサイキック能力を得て、マサチューセッツ工科大学まで卒業したけれど、やはりサイキック能力はみんなにもあるということを広く知ってほしくて、いろいろと活動しているそうです。

節　私もセドナには仕事で行きますが、同じレベルで話ができるサイキックの人とは会ったことがありません。私のレベルが高いとかそういうことを言っているのではありません。セドナにはヒーラーさん等がいらっしゃるようですが、私とは種類が違うのか、話ができる人には会ったことがないのです。

祖父江　セドナの町自体はやはりパワースポットですか？

節　はい、とても男性性の強い町ですね。パワーが強い、濃いところです。木がねじれていたりしますよね。あんな現象は普通にはあるわけがないものです。

土地のエネルギーでねじれている木がたくさん生えている

祖父江　そうですね。セドナにはヴォルテックスのエネルギーで、くねくねとねじれた木がたくさんあって、驚きました。

（注）ヴォルテックスとは、英語でvortexと書き、渦、渦巻き、旋風などのことを意味する言葉です。エスター・ヒックス氏がチャネリングするエイブラハムがベストセラー「引き寄せの法則」の中で使ったことでスピリチュアルの世界で日本でも有名な言葉となり、エネルギーが渦巻く場所といった意味で使われています。

節　あの赤い山は、もともとは海の底にあったのです。

祖父江　私は、目に見えない世界とか、サイキック能力とか、「全体」の視点のようなものが存在すると信じてはいるのですが、自分で経験したことがないので、そういう体験を求めてセドナに行ったり、占い師に占いをしてもらったり、霊能力者と言われる人たちと会ったりします。でも、そこで対面する占い師や霊能者という「人間」を最初から信じているわけではないので、言われたことが当たっているかどうかで本物かどうかを確認します。節さんの場合はその場で驚くようなことをおっしゃるので確認するのに時間はかからなかったのですが、多くの自称霊能者は、あいまいなことや先のことを言うので、何年かたってから偽物だったとわかることもあります。

隈本先生がおっしゃる通り、確かに、本物は二十二パーセント程度なのかもしれず、これまで偽物と思われる人たちにもたくさん会ってきました。ですから、そんな人たちにだまされて大金を支払っている人たちがいるのを見ていると、とてももどかしいのです。

真実を知りたいあまり、あるいは苦しみから抜け出したい、幸せになりたいと願うあまり、人を扇動してだますような占い師や霊能者の元に集まっていく人が少なくないのです。不安を抱えていて、そういうものにすがろうとしている人が、そういう人にだまされるという構造が問題だと思うのです。

隈本　だから本を出すのですよ。

祖父江　そうですよね。本物と偽物の区別をつけたいですね。

隈本　本物かどうかはわかりませんが、そういう視点があるのだという情報を提供することが大切だと思います。

祖父江　そういうことを書いている本もたくさんありますよね。例えば、バシャール（注）とか。

（注）バシャールとは、オリオン座近くの惑星エササニに住んでいて、個人ではなく複数の意識が合わさったような存在であり、アメリカのダリル・アンカ氏がチャネリングし、多くの書籍、対談を通じてメッセージを発信している存在のこと。

節　バシャールは本物ですよ。彼のメッセージは私たちに必要なメッセージですが、それがそちらの世界のすべてということではありません。

祖父江　下に人間がいて、上に向かって層があって、だんだん上に行くほど浄化されていくのでしょうが、まだ人間に近い層もあって、そこには例えば私の亡くなったおばあちゃんとかもいて、もうちょっと行けばバシャールがいて、もっともっと上がって行ったら、天に行ってみんな一緒になってしまうという感じでしょうか。

節　そうです。バシャールは魂の存在なので、もちろん私たちよりもずっとはるかに上の世界にいるのです。

祖父江　そこにいるような存在で悪いものもいるのですか？

節　善悪があるのはある一定の次元までです。

祖父江　バシャールくらいまでいくと全部善なのですか？

節　うーん、バシャールが全部善なのかどうかは、私はそこまで詳しくは知りません。でも、バシャールのメッセージは、とても信頼できるものだし、今の人間を励まし、私たちを引っ張ってくれるメッセージだと思いますよ。私は彼が大好きだし、実際にロスアンジェルスでのチャネリングイベントに参加したこともあります。

祖父江　エイブラハム（注）はどうですか？

（注）エイブラハムとは、エスター・ヒックス氏がチャネリングする宇宙の集合意識のこと。「引き寄せの法則」という本が有名です。

節　名前は存じ上げていますが、ちゃんと読んだことがありません。

ああいうリーダー的な存在になる人のメッセージは同じことですよね。真実を言っているのであれば、バシャールのようにチャネリングをして伝えてくるものだろうが、隈本先生のように占いという形を取ろうが、最終的にメッセージは同じことになります。

祖父江　エックハルト・トール（注）はどうですか？

（注）エックハルト・トールは、ドイツ生まれでカナダ在住の著者。「さとりをひらくと人生はシンプルで楽になる」（原題 The Power of Now）と、「ニュー・アース - 意識が変わる 世界が変わる」（原題 A New Earth）の二冊の著作で特によく知られています。世界で最も精神的に影響力のある人物と評されています。

節　彼はマスターの一人だと思いますよ。

祖父江　隈本先生から他にないですか？

節　隈本先生もそういう本を読んだりされるのですか？

隈本　読んだこともありますが。

節　一番興味深かったのは何ですか？

隈本　僕は禅ですね。禅の考えが一番好きです。

節　どういうことですか？

隈本　人というのは錯覚だということです。それに気づけということです。

禅の始祖として一般的に知られているのはインドの僧でダルマという人です。中国に瞑想法を伝えた人です。インドには瞑想法がいろいろあり、それに段階があって、禅はその一つのことを言うのです。

節さんのお話は、日本のアニメの「夏目友人帳」とそっくりなのですよ。そのアニメに出てくる少年は生まれた頃から幽霊が見えるのです。周りの人には見えていないということが最初はわからないのです。

節　うん、私も全然わからなかったです。

隈本　そして大混乱に陥るわけです。それで見えるということを言わないようにしようとするのです。

節　私と同じですね。

隈本　それを限られた人にしか言わないようにしようとするのです。幽霊や妖怪からいろんなことを言われるのですが、関わりたくないという葛藤があるのですね。でも結局、幽霊を助けてしまったりするのです。それがここ二十年くらい人気のある「夏目友人帳」というアニメなのです。節さんのお話を聞いていたら、なんか、「夏目友人帳」だなあと思いました。

祖父江　そういうものが本当に見えている人と、自分で思い込んでいるだけの人がいますよね。

節　そう！

祖父江　一般人には本物の霊能力者と偽物の区別がつきません。それはどうしたらいいのでしょうか？

隈本　人間を取り囲んでいる点線が薄くなればなるほど、自分のことは脇に置かれてしまいます。それが能力が高いということなのです。能力がない人には、「個」の自分がある。つまり点線が濃いわけです。そういう人は、自分の利益になるかどうかということばかりを考えがちです。お金を欲しがったり、人に迷惑をかけることを平気でやったりします。そういうことをする人は偽物でしょうね。

祖父江　本人はいたって本気で自分には能力があると思い込んでいる場合もありますよね。また、そうした能力を身につけるためのスクールというのもあります。それはどうでしょう？

隈本　元々、日本はスピリチュアリティの研究の大国だったのですが、戦後、それがなくなってしまったのです。

例えば、日本人が誤解しているのは仏教です。仏教は本来は純度の高いスピリチュアリティなのです。例えば、観照によって得られる意識状態のことを、「ぱんにゃ」といいます。プラジュナー、これが「般若」ということです。その状態を説明した言葉が般若心経です。般若心経は自分というものは存在しないよ、ということを教えているのです。五感で感じているものは、肉体を持ったから感じているのであって、実はそうではないということを言っているのです。元々、日本はスピリチュアリティの大国だったのですが、ただ、唱えればいいといった、そういう方向になってしまったのです。

例えば、法隆寺の唯識派というのがあります。唯識派というのは、ヨガの考え方を日本に持ってきた流派なのです。そこでも同じことを言っています。本来､日本はそういうことの大国だったはずなのに、特に戦後の日本では、それが忘れられてしまったのです。

昔は、夏目友人帳に出てくるような、見えてしまう子供や、見えてしまう人は、日本でも世界でも、コミュニティがそれをカバーしてくれていたのです。幼少期から能力があるという例と、年を取ってから能力を得る例があります。女性は閉経後にそうした能力が高くなるという例もあります。日本のコミュニティで女性だけが集まるものがありました。女性だけが集まるときに、そうした能力が開花している女の人が、他の女の人に教えるという仕組みがあったのです。そういう伝統的な文化があったのです。西洋にも同じようなものがありました。女性が集まって、子供たちに、そういう能力があっても心配しなくていいよと教えるということが行われていたのです。古代にはそういうコミュニティがあったのですが、現代人はそれを捨てていったのです。教えてくれる人がいなくなってしまったために、今では節さんのように混乱する人が出てくるのです。

難しいのは、意図的に能力者のフリをしている偽物の人と、自分でわかっていなくて、大した能力ではないのに、自分で自分には能力があると思い込んでしまっている人がいることです。つまり、レベルがそこまで高くないのに自分の能力は高いと勘違いしてしまっている人です。一方、意図的に他人を騙そうと思っている人たちもいます。それは論外です。でも、勘違いしている人もいます。その本人には悪気はないのです。

祖父江　でも、そういう人たちに騙されて、あるいは信じ込んで、大金をつぎ込んでしまう人がたくさんいます。どうやって区別したらいいのでしょう？

隈本　本物を提供し続けるしかないですね。馬は水辺には連れて行けるけれど、馬に水を飲ませることはできないという例えがあります。強要はできないのです。ですから、本物を提示するしかないのです。こっちですよと導くことはできるけど、強制的に水を飲ませることはできないということです。

祖父江　そういう人は「あなたの前世はこうだった」とかいって、脅したりしますよね。

隈本　そういうお気持ちがあるのであればこそ、本物がありますよ、いいものがありますよ、と提供し続けるしかないのです。

節　隈本先生が、レベルの低い人が自分のレベルが高いと思い込んでいるという話をされましたが、レベルの低い人が高いレベルの話をするには、嘘をつくしかないのです。あるいは、思い込みを話していくうちにその気になってしまうということもあるかもしれません。

それには、やはり無理があるのです。でも、聞いている方は、メッセージを受け取りたくて受け取りたくて仕方なくて聞いているので、そんな人が、その気になっている人の話すことを受け取ることは、両者にとってとても楽なことなのです。簡単に受け取ってくれる人と、自分の世界に入って思い込んで話している人。

間違っているとまでは言いませんが、ある種の人たちが集まったところに、そういう世界ができてしまうのです。だから、幸せになりたくて行った人たちには可哀そうなことなのですが、ある意味、そこでは需要と供給が一致してしまっているのです。

祖父江　依存したい人がいますからね。

節　日本はとても特徴的で、冷静に考えると、とても変なことを言っている人のところに人が集まるのです。日本は、長い間、女性が自分は何をしたいとか、どういうふうに幸せになりたいとか、起業したいといったことを言えない、自分を表に出すことができない文化だったでしょう。まず男性がいて、女性は自分を抑えなければならなかったのです。そういうことを言ってもいいんだよと言って成功して幸せになっている女性たちが出てくると、自分もやってみたい、私たちもやっていいのだと思うようになるのです。

そのときに勘違いをして、間違った情報を間違った方法で捉えて、間違った方法で実現してしまうのです。幸せになりたくてそういうところに行ったのに、間違った情報を得たり与えたりしてしまい、間違ったことを行動に移してしまうのです。そうして全財産を失ったり、会社をクビになったりしてしまうのです。でもそれは、「自分を体験している」ということでしかないので、仕方のないことなのです。日本人は今そういうことを体験する段階であるだけで、それを超えてひとりひとりがさらに上昇していけば良いのです。プロセス（過程）ですね。

嘘をつくことや、レベルの低い人が思い込みで高いレベルの話をすることは、カルマにしかなりません。話している人も、それを信じた人も、結局、それは自分のカルマとして戻ってくるのです。

いいことも悪いことも全部戻ってくるのが宇宙の法則ですから。本当に宇宙の法則を理解していたら、嘘はついてはいけないし、思い込みで話をしてはいけないということも分かっているはずなのです。

サイキックの力はみんながそもそも持っているものなのですが、それを役目として与えられているのか、与えられていないのかというのが大事なのです。勉強することでサイキックの力が花開くのは、もともと持っていたサイキックの力が目覚め、直観が得られたり、守ってくれている存在たちとコミュニケーションが取れるようになったり、自分が幸せになっていく、守られていく、ちゃんとメッセージを受け取ることができるということを学ぶということだけであって、「サイキック」という役目になるということとは全く違うことなのです。

祖父江　それを仕事にするということとは違うということですね。

節　そう。ライセンスをとって、先生になってセミナーをするとか、そういう話ではないのです。幽霊が見えたからといって、それは特別な能力ではないということを知らなければいけません。

人間が生きているのは三次元の世界なので、目に見えないものは信じられなくなっていきます。禅の世界もそれこそ目に見えない世界です。目に見える世界にいながら、目に見えない世界のことを話すので、なんとでも嘘をつくことができてしまいます。その目に見えないものをつかもうとしているから、それが人間だということなのだろうなと思うのです。

祖父江　なるほど。

隈本　本物は謙虚です。人間を取り囲んでいる点線が濃くないので、自分なんて全体の一部だとわかっているわけですから、自分が偉いなどとは言わないのです。「自分」、「自分」とはならないのです。そこを見ればわかります。

でも、ピラミッド構造になっていて、本物は少数しかいないのです。その下に大勢の人間がいるのです。節さんに触れるのも、占いに触れるのも、その大勢の人々のうち一部の人だけなのかもしれませんが、自分という存在は、今考えているのと違うのではないかと気づいてほしいのです。

これは伝説ですが、お釈迦様は、悟りを開いたときに、これを教えてもわかる人はいないから、もう教えるのはやめようと思ったのです。そのとき、当時のインドの神様のひとり、ブラフマン、梵天という人が下りてきて、お釈迦様に、「そういわないで、少しでも聞く人はいるから、肉体を残してここにとどまり、ここで教えを説いてください」と言ったのです。これを梵天観請と言います。それで、お釈迦様は、八〇代まで教え続けたというお話です。

祖父江　お釈迦様はサイキック能力があったわけではないですよね。

隈本　サイキック能力のことは主題にしなかったのです。鹿に刺さった毒矢の例えです。「なぜ、毒矢が刺さると鹿が死ぬのだろう」などと考える前に毒矢を抜けという話です。お釈迦様は一番ダイレクトなところを先にしなさいと話したのです。それであまりサイキックなことは言わなかったのです。サイキックの本当の能力がある人は、もともとあるので、それを後天的に身につける必要がないのです。知らない間に力を発揮できてしまうのです。意図せずに起ることなのです。自分から得ようとしたわけではなく、得てしまうものなのです。全体側からの要請があって得るものなのです。

アメリカでは、このような話を受け入れる人は多いのですか？

節　アメリカ人は大好きだと思います。それこそバシャールもアメリカですし。シャーリー・マクレーンが書いた「アウト・オン・ア・リム」（注）という本も流行りましたね。

（注）『アウト・オン・ア・リム』は、アメリカの女優シャーリー・マクレーンが一九八三年に刊行した世界的なベストセラーで、

自身の体外離脱や神秘体験が語られています。

多分、アメリカには昔からあったと思います。不思議な縁や、ご先祖様が守ってくれるといった話や、亡くなった父が現れたといった話はどこにでもあります。

シャーリー・マクレーンのような大女優さんが自分の体験を書いたことに、あれだけの人が飛びついたのは、そういうことがあるということを知りたかった、必要があったということなのでしょう。

あれからとても広がったのだと思います。おそらくニューエイジのような話は、六〇年代とか、もっと前からあったのだろうと思いますが、「アウト・オン・ア・リム」の頃から普通の人も知ることになったのでしょう。

隈本　それまでは、ドラッグ中毒のヒッピーみたいな人が変なことをしているというように少し白い目で見られていたものが、一般の人にも知られるようになっていったのでしょうね。

今は、世界中でどんどんそれが広がっています。その中で今日の節さんの話や僕の話が、少しでもそういうことに気づく人のきっかけになればそれで成功だと思います。

節　今、日本で流行っているスピリチュアル・リーダーのような人のことを私は実は全然知らないのですが、クライアントさんから聞くところによると、「自分!自分!自分!自分!」というところに中心を置いているそうです。それは間違いではないのですが、究極的にはそういうことではないのです。

誰の話を聞くのかも自分で選択していかないといけませんね。根本的に違う話の場合がありますから。

隈本　エゴを固めようとするのか、エゴを放棄しようとするのかの違いですね。

節　そうそう。エゴを固め、エゴを主張することを教えています。自分のエゴを主張することを推奨しているのです。

隈本　それは、人の周りの点々がもっとカチカチに固まっていくということなのです。進むべき方向が逆なのです。スピリチュアルと呼びながら、エゴを固めてどうするの?ということです。

節　そうなのです。ですから、エイブラハムの教えにしても、バシャールのメッセージにしても、その捉え方がエゴの方向に行こうとしているのではないと思うのです。隈本先生のお話や、今日の対談の話が、必要な人たちのところに届いて方向転換してくれたらうれしいですね。

日本のエネルギーがもっと高くなってほしいのです。このままだと、未来のビジョンを見ている人たちが、日本の中に極端に少なくなってしまいます。これは人間がどうやって生きてきたかの結果なのです。その結果が自然災害かもしれないのです。

隈本　「全体」が木であるとすると、葉っぱのほうが「自分、自分」と言いだしているのです。それで葉っぱの方がもっと自分に太陽の光を当てろと言い、他の後ろにいる葉っぱに光が当たらなくても構わないと言っているのです。そのため、「全体」である木は、もうそんな葉っぱはいらないから、落ちてくれと言っているのです。

エゴを薄め、たとえ完全にエゴを放棄することはできなくても、自分を取り囲んでいる点々を薄くして、他の葉っぱにも太陽の光を当てるようにすること。すると、木の幹はそういう葉っぱはいていいよと言うのです。でも、木の方、「全体」の方はそれでもダメだというかもしれません。

クライアントさんの感想（5）

「個人リーディングセッションを終えて」

アメリカ　A様

今まで何人かのサイキック、スピリチュアル・リーダーの方々とお会いしてきましたが、節さんのセッションが素晴らしいのは内容がとても現実的で実践的であるところです。表現力にも長けていらっしゃるので説明される内容も分かりやすくとても参考になりました。

今回は他州への引越しと人間関係のご相談に行きました。将来についてのリーディングでは「今現在の状況では」と前置きが入った上で、引っ越してもハッピーで自由な私がいると説明してくださいました。一人で遠い場所へ引っ越すことになれば、それは心細いことなので、気が楽になりました。また人間関係のリーディングでは、相手の写真を見られて、正確にその人の性格や気質などを読み取り、コアにある部分からなぜこの人との関係が現状に至っているのかを教えてくれました。チャクラと人間関係のつながりも説明してくださり、今回とても参考になりました。

愛のある温かいリーディングをありがとうございました。頭の中でぐるぐる回っていた悩みごとでしたが、かなり楽になりました。

個人リーディングセッション以外に、友達宅の浄化に立ち会う機会があったのですが、節さんの浄化にはびっくりしました。そのお宅に置かれている素敵なオブジェがちょっと怖い感じがしていたのですが、節さんがその場所を浄化したとたんに、怖い物から素晴らしく美しいアートに変容し、その変化が一目瞭然だったのにあっと驚きました。次回は我が家も浄化をお願いしようと予約をお願いしたばかりです。

第四節　カルマの仕組み

節

カルマとは、良いことであれ、悪いことであれ、思ったこと、言ったこと、したことがすべて自分に返ってくるということです。同様に、言わなかったこと、しなかったことも返ってきます。

カルマには、良いカルマも悪いカルマもあります。

良いことをしたら必ず良いカルマとして、悪いことをしたら必ず悪いカルマとして返ってきます。

悪いことをしたら、それと同じ内容を学ばざるを得ないことがカルマとして返ってきます。

しかしそれは、殺人をしたから自分も殺されるということではなく、殺人をしてはいけないということを学ばされるカルマが返ってくるのです。

例えば、前世で殺人を犯した人がいたとします。その場合、今世では殺人をしてはいけないということを理解し、それを世の中や自分の人生に活かすという形でカルマを経験します。

それは、悪いことをしてしまった人たちの更生を助けるということかもしれません。どういう形であれ、殺人は絶対にいけないのだということをもう一度学びにくるのです。

カルマが帳消しになることや、返ってこないということはありません。カルマは、今世で返ってくることもあれば、来世で返ってくることもあります。

カルマとは、つまり学ぶこと。

「学ぶことを経験する」という機会を与えられることです。

第五節　アセンション・次元上昇

祖父江　最近、アセンション・次元上昇というのが流行っています。あれはどうですか?波が来ている、その波に乗らないといけない、取り残されてはいけないという。

隈本　アセンションは、上がるとか下がるとかという方向性で語ります。本来は人間の中心に向かうのがエゴを放棄していく道なのです。人間から外に向かって行くのはエゴを固めていくことになるのです。これが中心に向かう道だと言いながら、実は外に向かわせてしまっているのです。

そういうのを中国では「羊頭を掲げて狗肉を売る」というのです。

要するに、肉の種類が違うのにその肉にレッテルを貼ってこれはその肉だよと言っているのです。本来は中心に向かってエゴをどんどん捨てていかなければならないのに、これがその道だよと言いながら、エゴを固める道を教えてしまっているのです。

節 今、この絵（七十六ページの図3）を見ながら隈本先生のお話を聞いていて、少し混乱する人がいるかもしれないなと思ったのですが、内に向かうイコール自分というものに向かう、つまり自分中心に生きる、エゴでいいのだというように、この矢印の向きが誤解を生むのではないかという気がしました。

隈本 本来は内側こそが広大なのです。

節 そもそもの「個」と「全体」の話を理解していないといけませんね。

隈本 そうですね。一つ一つの「個」から外を見るのがエゴです。「個」を囲む点々が濃く、カチカチだと「個」が強い、つまり「エゴ」が強い状態となります。その点々が薄くなり、「全体」の視点から「個」の方を見ると、つまり外側から一つ一つの「個」の中心を見ようとすると、そこに「個」はないのです。「全体」しかないのです。

節 だから矢印だけで見ると、「個」から外に向かう、つまり「全体」を知ることが大事だから、

「全体」を学ぶために「個」から矢印を出して、「全体」というものを見るようにしましょうということと勘違いしている人が多いのかもしれないと思いました。

隈本　鏡像のようになっているのです。「個」すなわち「人」の視点に立ってものを考えるのと「全体」の視点に立ってものを見るのとは真逆なのです。

節　少し勉強しただけで人に教えてしまっている人がいるのかもしれませんね。

祖父江　そういう人もいるでしょうね。

隈本　自己というものを本当に愛するということは、本来は自分の本質に気づくということなのです。

節　本質に気づくと「個」ではなくなりますからね。

隈本　そう、その通り。そこに気づかなければならないのです。なのに、スピリチュアルと言いながら、自己、エゴを固める努力をしてしまっていては意味がないのです。

祖父江　でも、よくあるパターンでは、自分に自信がなくて不安を抱えている人々が救いを求めてスピリチュアル・リーダーと呼ばれている人にたどり着きます。そして、自分が救われたくて、幸せになりたくて、スピリチュアル・リーダーの言葉に耳を傾け、癒されています。そういう場合、自分という「個」を中心に置いていてはいけない、「個」の幸せではなく、「全体」の視点に立たなければいけないのだ、ということを理解しろと言っても難しいのではないですか？大きなジャンプが必要に思えますが。

隈本　ジャンプではないのです。それは段階なのです。

鎌倉時代に仏教の教えが難しすぎることが問題になったことがありました。「全体」と言ってもわからない。それで、とりあえずそれを阿弥陀仏と呼んだのです。阿弥陀仏に南無阿弥陀仏と言えば救われると伝えたのです。それは他力なのですが、ただ唱えるだけで救われるのだと。自分を放棄すること、自分をどんどん放棄してしまうことで救われるということを、そういう言い方で説いたのです。エゴを固めるのではなく、全部委ねてしまうという方向性で、それを広めようとしたのです。実はその方法は、法然という人が考え出したのです。法然という人が考えだし、のちにその弟子である親鸞が広めたのです。

祖父江　委ねるというのも難しいですよね。他力本願ということですね。

隈本　但し、その他力が自分の利益になる他力ではだめなのです。自分を放棄するということです。

祖父江　お任せする、すべてを委ねるということですね。

節　天に委ねればいいのですが、人に委ねるからいけないのです。

隈本　そうそう。

祖父江　「全体」のことや天のことを理解して、自分自身が望んで学ぶために生まれてきて、今、それを経験しているのだということまで理解して、その上で、自分を天に委ね、つらいことも何もかもすべてを受け入れる・・・というところまで行くことができればいいと思います。でも、そういうことなら、別に頑張っても仕方がない、どうせ運命が決まっているのなら、努力しても無駄だと投げやりになる人もいるかもしれません。

隈本　それは占いの間違った使い方ですね。

祖父江　そうそう、でも、そう捉えてしまう人もいますよね。それは「全体」のことがわかっていないということですね。

では、アセンションというのは、誰かが作り出した単なるブームなのですか？

節　上げようとして上がるものではなく、結果として、自分の人間性や魂の力がどこまで上がるかということなのです。

ビルの一階にいると、私たちに見えるのは一ブロック先（一丁目くらいの距離）くらいまでです。それが人生の経験を積んで三階まで行ったとしたら、もっと広い範囲が見えますよね。もっと経験を積み、もっと誠実になり、こういう話を知る機会に恵まれ、いい友人に恵まれ、いろいろなことを経験し、痛い目に遭い、五階、六階、七階、十階と登っていくと、大分先まで見えるようになりますよね。二十階、三十階に行ったら隣の駅まで見えますよね。上がっていくと、どういうことが起こるかと言うと、広く見えるということなのです。

広く見えるようになると、ああ、そこで事故があったからそっちの道を通らないでこっちの道を行こうと選択できるようになるし、占星術なども取り入れながら自分の見解が広くなり、そうすると理解が広まり、許すことができるようになり、みんなを、そこで起きているさまざまな細かいことまで愛おしく思うというところまで行けるのです。

神や天や、魂となった存在は、十階どころか、レベルとしては、ずっとずっと上にいるのです。私たちが人間として生まれている人生なんて、何十回も何百回も転生を繰り返さなければならないものであって、この一回の人生なんていうのは、同じ階で着替えをしている程度のことなのです。

神様は平等ではないとみんな言うのですが、実は平等なのですね。選択の自由というものをくださったのです。守ってくださっている存在はいろいろなことを言って私たちを導いてくれようとしているのですが、最終的には私たちがやりたいことをやらせてくれるのです。たとえそれが殺人でもね。

そして、それはカルマとして戻ってくるのです。再び生まれ変わることを選び、そのときはまたやり直したいと思ってくるのですが、自分で蒔いた種はいつか刈らなければならないのだから、もし今できないのなら、またあとでできるからいいですよと、たとえ悪いことであっても、好きなことを経験するという自由が与えられているのです。

ですから、自分の次元を上げるということは、さまざまな体験から学び、もっともっと誠実になり、心が広くなって、許せるようになり、自分のことも他人のことも大事にできるようになり、そして、地球で起こっていることの、すべてがつながっていることが理解できるようになるまでのプロセスであり、結果なのです。だから人間性が高くなる、魂が強くなる、優しくなる、大らかになる、愛する、もっと広く大きく見える、わかる、ということなのです。

そうやって生きていけば、戦争や、土地を汚すことや、人を傷つけることはなくなるのです。もちろん一階や地下にいたら、そんなことは分からないので、上に上がること自体はとても大事なことですが、それは何かをジャンプして上がるわけではなくて、何かの先生について勉強したら上がるわけでもなく、これを十回やったら上がるわけでもなく、その人の生き方、選択の結果として気がついたらそこにいたということだと思うのです。

隈本　そうだと思います。そこで、絶対に陥ってはいけないのは「選民思想」というものです。例えば、人間が、動物保護区の動物たちを守ろうとしているとします。火事が来ているので、人間は嫌がっている動物たちをこっちに移動させようとします。移動させないと死んでしまうからです。でも動物たちは、そんな事情がわからないので、捕らえられるときに抵抗するのです。でも、火事がそこまで来ていて、動物が死んでしまうから、人間は無理やりにでも檻に入れないといけないのです。

レベルが違うというのは、そういうことなのです。見えているものが違うのです。でも、動物より人間が偉いというわけではありません。そんなことはないのです。レベルが変わることによって、見える景色が違い、その結果、目の前の現象の解釈が変わるのです。動物は、捕らえられて苦しい思いをするのではないかと恐れているのです。でも、人間は、今は火事から逃がさなければならないことが分かっている。上にあがるということはそういう作用があるのです。

節　そう、反応が変わってくるのです。

隈本　そうです。ですから、どっちが偉いとか、そういうことではないのです。みんな同じなのです。

節　どっちが偉いとかいうことは全くないですね。

隈本　でも、見える世界の違いは出てくるのです。

節　例えば、少しだけ上に行って広く見えている人がいたとします。そういう人たちは、たまたま、そういう段階を経て、生まれ変わりを経て、さまざまな経験をして、そこにいるだけであって、ここにいる人が低くて、ここにいる人は高いとか、偉い人間だということではないのです。上にいる人も、前は下にいたのですから。

前にここにいたことを忘れてはいけません。いい先生は、自分も元々はここにいたことを知っていて、今ここにいる人たちがどういう景色を見てどういう理解をしてどういう反応をしているのかということを忘れてはいけないし、馬鹿にしたり、下に見てはいけないのです。

ここにいる人にはどういう景色が見えているかということを理解できないで、いわゆる上から目線で下を馬鹿にするようなのは本末転倒です。

隈本　論外ですね。

節　そうです。

隈本　「全体」なので、目が足より偉いなどということはないということなのです。

節　そうそう、その通りです。

隈本　足と目はつながっているのです。足は確かに視線が低いから先までは見えないのですが、だからといって、足より目が偉いということではないと言っているのです。そんなことはあるわけがないのです。左手より右手を上に上げたからといって右手が偉いわけではないのです。

そんなことは、ありえないのです。それは錯覚なのです。

祖父江　上に行けば行くほど、そんなことは思わなくなるのではないですか？

節　そうそうその通り、そうなのです。

隈本　ですから、上に行っているふりをしながら、自分が偉いと言っているのは、それは行っていないという証拠なのです。

節　そう、それは行ってない。

祖父江　それは同じフロアで着替えているだけですよね。

節　その通り。行ったつもりになっているだけですね。

隈本　本当に上の方まで行った人には、「全体」がつながっていることが見えているので、みんな一緒だということが分かっているのです。そうではないと言っている人は、嘘だということです。

節　だからね、アセンションができますよ、アセンションの方法を教えますよと言って、エレベーターで一気に十階に行きたい人たちを集め、十階に行かせてあげますからねと言って十階のボタンを押しても、エレベーターのドアを開けたら、まだ一階なのです。でも、誰もそれに気がつかないという、多分そういうことがたくさんあるのだろうと思います、特に日本は。

祖父江　そうですね。

第六節　地球が地獄だと思わないのですか

節

死んだら地獄に行くなんていうことはありません。地獄は今、私たちが生きているこの世界そのものなのです。地獄というのは、自分のマインド（思考）が作り出す世界なのです。地獄というのは、戦争が起き続けている、この地球のことなのです。人種差別、暴動、新型コロナウィルス・・・私たちは今、地獄にいるのです。これが地獄なのです。

白人も、黒人も、子供たちがようやく一緒に幼稚園にも小学校にも行けるようになったのに、マーティン・ルーサー・キング・ジュニア（注）が射殺されたり、南アフリカのマンデラ大統領（注）が、差別のために入れられていた刑務所を出て、その後、大統領になるということがやっと成し遂げられてから、私たちのこの地球上の時間からすれば、もうかなり長い年月が流れたというのに、私たちは今までこのレベルにいるのです。

（注）マーティン・ルーサー・キング・ジュニアは、アメリカ合衆国の牧師で、キング牧師の名で知られています。アフリカ系アメリカ人公民権運動の指導者として活動し、「I Have a Dream」（私には夢がある）で知られる有名な演説を行った人です。一九六四年にはノーベル平和賞を受賞しましたが、一九六八年四月、遊説活動中にバルコニーで打ち合わせをしていた際、まだ三十九歳のときに暗殺されてしまいました。

（注）ネルソン・マンデラは、南アフリカの黒人差別に反対する反アパルトヘイト運動に身を投じ、一九六四年に国家反逆罪で終身刑の判決を受け、二十七年間も獄中生活を送りました。その後、一九九〇年に釈放され、翌年、アフリカ民族会議の議長に就任し、アパルトヘイト撤廃に尽力し、一九九三年にはノーベル平和賞を受賞しました。そして、一九九四年、南アフリカ初の全人種が参加した普通選挙を経て大統領に就任しました。

今度は私たちが全くコントロールできない疫病が流行しています（注）。そんな最中に、アメリカでは黒人が警官に殺されるという問題が起き、それに抗議をする人たちが今度は暴力に走りました（注）。暴動になり、いろんなお店に押し入ってガラスを割り、家具を投げ、警察官と争い、それで逮捕される人もいて、いろんなものを抱えて盗んで走っていく人もいます。私たちはずいぶん前に同じような光景を見ましたが、それをまた繰り返しているのです。地球人はなんて愚かなのでしょう。

（注）本書を出版した二〇二〇年に世界的に流行した新型コロナウィルスのことを指します。

（注）二〇二〇年五月に、アメリカのミネソタ州で、紙幣偽造の容疑をかけられた黒人男性の首元を白人の警官が膝で長時間押さえつけ、死亡に至らせた事件を受けて、アメリカ中で黒人差別に対する抗議のデモが行われました。その際、混乱に乗じて、同年に世界的に流行していた新型コロナウィルスの感染防止のために都市ごとロックダウンしたり、休業を余儀なくされていた店舗に押し入る強盗が多く見られました。

黒人のジョージ・フロイドさんが警官に殺されたとき、何人もの大人の警察官がそこにいて、「お前やめろ」、「息ができないと言ってるのだから、ちょっと離せ」と誰も言わない。ただ黙って見ている。

一人の人間の命が、特に黒人の命が、そのように扱われていること自体が地獄なのです。同じ罪で捕まっても白人と黒人では、扱われ方が全く違うのです。

このような黒人差別は、歴史上、ずっと続いている問題です。今回、いろいろな人たちが、そして有名セレブの人たちも声に出して「Black Lives Matter」と言っていました。「黒人の命は大事」という意味です。

でも、「All Lives Matter」、つまり「すべての命が大事」と言ってる人がいるのです。それはもちろんそうなのですが、今は、歴史的に長く続いている黒人差別が問題となり「Black Lives Matter」と言っているのです。まったく差別を受けたことのない人たちが、「黒人の人たちの命も大事、だけどみんなの命が大事」と言っている、その意味は理解できるのですが、やはり黒人差別のことが十分に理解されていないのではないかと思ってしまうのです。悪気なく、そういうことを言ってる人たちもたくさんいるのでしょうが、根本的に、黒人がこれまでどんな差別を受けてきて、そして今でも差別を受け続けているということをわかっているのかと、疑問に思うのです。

私は黒人と結婚し、黒人のラップ音楽のような世界で生きていました。私は黒人ではありませんが、そこにいた人たちがどんな生活をしてどんな目に遭っているかはわかっています。私もその真っ只中で暮らしていましたから。当時の夫はアメリカ人の黒人で差別を受ける側でした。

私の子供達は、見た目は黒人ですが、黒人から見ると完全な黒人ではないため、そこでまた差別を受けるのです。私の息子は、二メートル近い長身で、今二十四歳になったばかりです。親の私でさえ、彼がどのような差別を受けてきたのか、彼が口を開かない限りはわからないのです。

差別を受けた人たちはどこまで本当のことを話すのでしょうか。人には話さず、それを受け入れざるを得ないという黒人の生活があるのです。今もその中で暮らしている人たちがいるのです。そして、逆差別もあるのです。

そんな中で、またこのようなことが繰り返され、再び暴動が起こり、お店に押し入り、盗んでいく人たちがいます。そこには白人もヒスパニックも、黒人もいるのです。みんな自分を正当化しようとします。「彼らの怒りがどこからきているかわかっているのか」という人もいます。また、最初に起きた白人警官が黒人男性を殺したという事件と、それに対する抗議や、その中で起きた暴動は、それぞれ意味が違うのだと評論する人たちもいます。

でもそんなことを言っている人たちは、黒人が実際にどういうところで暮らしていて、どんな目に遭いながら生きていて、そして、あの映像を見てどう思っているかということは、絶対に分かっていないのです。なぜなら彼らは黒人ではないからです。

みんなが物を壊し、警察の車が爆発して燃えている。いろんなお店のガラスが割られて押入られている。そんな光景が目の前に繰り広げられている。そして、新型コロナウイルスでこんなにも多くの人々が亡くなり、世界中の空港が閉鎖され、人と人はハグもできず、マスクをして歩かなければならないのです。

この状況を「地獄」と思わないのであれば、私たちは、鈍感すぎるのです。その鈍感さが私たち地球人のレベルの低さなのです。その鈍感さゆえ、私たちは、自分たちで「地獄」を作り、自分が地獄の中で暮らしているということに気づかないのです。

それなのに、この人は死んだら地獄に行く、天国に行くなどという話をしています。今この現実が地獄でなくて、何だというのですか？

「私たちはご飯も食べられるし、家族も元気だし、デートもできるし、みんな仲良くやっています。だからここは地獄なんかじゃないですよ」

という人もいるかも知れません。でも新型コロナウイルスで仕事がなくなり、食べていけなくなっている人もたくさんいます。これからどうやって子供を育てていけばいいのか、家賃を払っていけばいいのか、途方に暮れている人もいるのです。

あのような暴動が起きることが、普通の状態であってはいけないのです。それなのに、何回も何回も何回も、十年たっても二十年たっても同じことを繰り返している地球というものが、どれだけレベルが低い場所なのか。

これを繰り返してはいけないのです。占星術でも、歴史学者でも、科学者でも、物理学者でも、とにかく私たちがみんなで上に上がり、こんなことが繰り返されない地球にしなければならないのです。

だから自然を壊してはいけないのです。それは言語道断なのです。私たち自身が、どれだけレベルが低く、未熟で横暴で傲慢かということを学ばない限り、アセンションなんて言っている場合ではないのです。

アセンションというのは、そもそも、ひとりひとりの個人が上の次元に上がっていくものです。上に上がることができる「個」が増えていけば、家族の次元も上がり、国の次元も上がり、地球の次元も上がることができるのです。要するに上がる人が増えていけばいくほど、その周囲のものも上がっていくのです。でも、基本は個人なのです。

個人が目覚め、魂の存在を思い出し、次元を上がっていき、それが社会になり、地球全体になっていくのです。

だから、真実を理解している人たちが、その内容を他の人たちとシェアし、他の人たちに伝えていくことが大切なのです。

物理学者が宇宙を計算すると、宇宙の外側には「大宇宙」があることになるという話があります。先日、セッションでクライアントさんに話をしていたとき、私は、宇宙の計算は最終的には「大宇宙の真実、大宇宙の法則」にたどり着くのが自然なのだと申し上げました。

それは、水の結晶を研究したら、最終的には「神」までいった、大宇宙までいった、とてもスピリチュアルになったという話と同じです。海底の研究でも、木や植物の研究でも同様です。結局は何を突き詰めても、最終的にはそこにたどり着くと思うのです。

そういう研究を続けていくと、結果的に次元が上がらざるを得なくなるのです。

自分で何かを突き詰めようとしていて、あるとき突然わかる場合、瞑想をしていて体感としてわかる場合、編み物をしていて、突然、ふと気づく場合もあるかもしれないのです。ひとりひとりの感覚が、今まで自分がいた制限のある世界から出て、制限がなくなっていくと、それがアセンションにつながっていくのです。

一つ次元が上がっただけで、全部にたどり着けるわけではないのです。アセンション、つまり次元が高くなるということは、地球でいう時間とか距離とか、あらゆる制限がなくなることなのです。イエス・キリストが亡くなったあと、上昇していったところがアセンションだと言われています。地球で考える、時間とか距離とかそういう制限が全くないところがアセンションなのです。

ですから、人々がアセンションの話をしているのを聞くと、私は黙ってしまうのです。

次元がどんどん上がっていき、意識が上がっていけば、動物虐待や人間の虐待、性的虐待も自然への虐待も全くなくなるに決まっているのです。人間としても魂としても、考え方から行動まで、全部が上のレベルになり、みんなが親切になり、時間や距離といった物差しがだんだんなくなっていくのです。そうすれば愛と親切を大事にし、感謝で生きていく世界になるのです。そうすればストレスからくる病気もなくなるのです。

同じ地球に生きていて、同じところに立って、同じニュースを見ていても、捉え方や考え方、それに対する行動は人によって全く違います。

「自分が見ている世界を、ほかのみんなも全く同じように見ている」というのは幻想でしかありません。同じ出来事でもみんなが同じように感じて、同じように捉えて、同じように行動しているわけではないのです。

同じ地球にいるからといって同じ次元にいるということではないのです。ある程度、魂のレベルが上がっていくと肉体はなくなり、地球から離れるのだろうと思います。でも、まだ同じ地球にいる人間たちは、それぞれに異なる世界を見ているのです。

今、私たちは地球を変えなければならないのです。変えなければいけないからこそ、こんなひどい様子を見せつけられているのです。

「こんなことではダメだ、変えなければいけない！」

という人もいれば、

「だから僕たちはいつまでたってもこうなんだ！」

と諦める人たちもいます。

また、全く何も感じず、自分が今日食べるもののことしか頭にない人、もしくはテレビや芸能人、ファッションやお化粧のことしか頭にない人たちもたくさんいるのです。

自分はアセンションしてどうのこうのと言っている人は、結局エゴなのです。もちろん、そうではない人もいるかもしれません。でも、私に伝わってくるエネルギーからすると、「自分はみんなよりもレベルが少し高いから、私はほかのところに行きます」という優越感やエゴしか感じられないのです。それだけで十分次元が低いことなのです。

もし、自分が本当に目覚めたのであれば、愛のエネルギーで、気づいていない人を気づかせてあげ、見守り、必要なときは手を差し出そうと思うはずなのです。

「私はもうこんな世界は嫌なのです。私はもうかなり目覚めていて、いろんなこともわかっているので、私だけちょっと先にいかせていただきます！」

というのは、「私、私、私！」なのです。「私」というのは「全体」から分かれた「個」なのです。そこでもう次元が低いのです。

世の中で起こっていることが自分に起こっていることと思えない、もしくは、自分と他とは分かれていて、「私、私、私！」と言っている人は、やはりレベルが低いのです。まだまだお勉強しなければいけないのです。

アセンションしている人は、他人のことを他人事とは思わないのです。イエス・キリストも「君たちにもできるんだよ。僕がやっていることは君たちにだってできるんだよ。だからみんな目覚めなさい」と教えていたのです。他のマスターと呼ばれる人たちも同様にしていたことなのです。

第七節　病気と苦しみ

祖父江　人は人生でさまざまな病気や苦しみを経験しますが、それはなぜですか？自分が望んでそうなっているのですか？

節　私は小児喘息で生まれ、日本にいた十三歳のときに皮膚病を罹いました。転地療養したにも関わらず、ひどく苦しみました。ホリスティックな療法のおかげで、もともと全身に出ていた症状が今は足と腕だけになりましたが、夏になっても、いまだに足や腕を外に出せないのです。不治の病でしたので、日本では虎の門病院に二か月入院しました。でも全く良くならず、原因も治療法も分からなかったのです。ホリスティック医療では分かっているのですが、西洋医学はそれを取り入れられないのです。

では、なぜ病気になるかと聞かれると、過去世から引き継いできて、生まれつき持っている病気と、今世の、例えば食事の内容や、運動、心の問題など、後天的な事情のためになってしまう病気があります。病気というものは、気づきのために起きることもあるのです。自分の身体が犠牲になることで初めて現象として目に見え、感じることができるのです。痒いとか痛いとか。そういうことが教えてくれること、そういうことからしか学べないことというのもあるのです。

祖父江　病気に限らず、人間関係にせよ、仕事にせよ、苦しみの中には学ぶべきものがあるということですね。

節　原因のないものはないのです。

祖父江　何か目的があってそうなっているということですね。

節　目的や原因があるのです。その原因は、食生活なのか、心の在り方なのか、前世なのか、そのすべてなのか。私の立場ではそう答えるしかないのです。

祖父江　隈本先生はどうですか？

隈本　占星術で土星は苦痛を与える天体とされています。でも、占星術を、人ではなくて「全体」の方に向かわせる成長のためのツールとして捉えた場合、土星は「先生」なのです。

ですから、苦しみというものは、「先生」であるということです。

先ほどの矢印の方向で言うならば、人の視点ではなくて全体の視点を回復するために経験するものなのです。

但し、これは、今現在、病気や災害で苦しんでいる人には言ってはいけないのです。それはその人を突き落とすことになるだけだからです。本当は気づきなのですが、今苦しんでいる人にそれを言うべきではないと思います。

祖父江　でも占いで、土星が来ているから今は大変だということであっても、そのうち土星がいなくなるのがわかっていれば救われるという場合もありますよね。

隈本　時系列的な変化によって、そのうち救われるということが前提にあるからそういうことになるのです。ここで言っているのはそういうことではなく、大変だとか辛いことは、学びである、「先生」である、という視点を持ちましょうということなのです。

祖父江　運命だから仕方がないということではなく、学びであると捉えましょう、ということですね。

節　人間がいる地球は、もともと三次元の、とてもレベルの低いところなのです。本当は幸せで喜びにあふれ、笑っている中でも学ぶことはできるのに、人間はそれでは調子に乗ってしまうので、痛いことや苦しいことがないと学べないのです。だから身体や心を傷つけて、痛い思い、醜い思い、苦しい思いをして初めて、身体を労わらなければならないとか、食べ物に気をつけなければいけないとか、水をきれいにしないといけないとか、自然を大切にしなければならないとか、そういうことに気づくのです。

人間は、いろいろなものを人間の力でコントロールしようとしてしまっています。水が汚れ、土が汚れ、無農薬のお野菜や果物が育たなくなり、無農薬の自然農業のようなビジネスはダメになり、一方で、大量の農薬を使い、色や形を整えた薬まみれのお野菜が売れていくということになってしまっているのです。そんなものを食べると病気になります。環境も食べ物も人間も、すべては循環しているのですから。

でも恋愛でも仕事でも、なんでもそうなのですが、結局、人間は痛い思いをしないと気がつかないのです。地球の環境も、人の心も、自分の日々の生き方も、すべてがつながっていて、その結果が地球や人間の身体に現れているのです。

「全体」のことや、私たちが「全体」とつながっているということを、私たちは学ばなければならないのです。そして、それを学ばないと本当の癒しや治癒は起こらないのです。「全体」の視点で見ることができるようにならないと、私たちは地球という三次元の地獄にとどまってしまうのです。そんなところで「自分だけがアセンションする」などと言う話をしている場合ではないのです。

第八節　自然破壊

祖父江　最近、地震、水害などの自然災害が多くなっていると思いますが、これはどうですか？

節　日本、東京は特に危ないと思います。

祖父江　どう危ないのですか？

隈本　建物にしろ、土地にしろ、すべての存在は「全体」側からすると一つなので、そこと馴染んでいる状態を壊すことは問題です。例えば、昔は、土地に家を建てるときには、「ごめんなさい、ここに家を建てさせてください」と地鎮祭をしたのです。土地に対して、「申し訳ないですね」と敬意を表していました。でも、最近は、それをしなくなってしまいました。住んでいた家をすぐに壊してしまうこともそうです。

節　木を伐採することもそうですね。

隈本　環境と人間が分離している、別のものであるという考え方が進みすぎているのです。

実はそれは占いの考え方でもあるのです。占いは、人は環境とつながっているから無闇なことをしてはいけないと教えています。例えば、長い間そこに生えている大きな木に対して、「ごめんなさいね」とお神酒をあげ、頭を下げて、「申し訳ないですが、ここを何とかさせていただけませんか」と礼を尽くして、そしてやっとその木を切るといったことが伝統的に行われていたのに、今はそういうことをしなくなってしまっているのです。

祖父江　東京がそういう意味で乱されているということですか？

節　土地や自然のエネルギーというのは、人間の比ではないのです。とても大きなもの、長いものなのです。でも、人間はとても意思が強く、人間のすることは横暴で乱暴です。自然の領域を超えたことをしてしまうのです。そこに住んでいる人間がその土地を変えてしまうのです。

もともと神社やお寺が建っているところは、昔の人がどうやってその場所をみつけたのかわかりませんが、とても素晴らしいパワースポットです。あれは、どうすればわかるのですか？何か計算するのですか？

隈本　例えば、城や神社を建てるときは、その場所をきちんと見極めるのです。例えば佐渡金山で、山から立ち上っているオーラを見て、どこに金があるかをみる、そういうことができる一族がいたのです。そういう人たちに場所の良し悪しを見させたりしていたのです。

そうした能力の高い人が神社や城の場所を見極めていました。更に、どういうところが良いと言われる場所なのか、そのパターンを元に計算できるようにしようとする人たちもいたのです。

節　神社やお寺は必ず選ばれた場所に建っています。そういうところは別としても、それ以外の住宅地や町は人間を変えていってしまうので、住んでいる人たちはもっと土地を大切にし、自然をあがめて、環境を壊さないようにしていかないといけないのです。

例えばお年寄りを大事にするといったこともそうです。そういうことをしていかないといけません。そうしないと、例えば、自然災害など、いろんなことでしっぺ返しをもらうことになるのです。

日本は元々神の国と言われていたのです。昔から天とつながっているはずだったのに、お金や物質が中心になりすぎています。この家には誰が住んでいて、どんな生活をしているか知らない。近所の人と挨拶もしないという、分離の状態が続きすぎています。土地や建物や自然を尊重していません。ただ大みそかに神社にお参りに行くだけ、受験に合格したいから行くだけ、ということになると、やはりエネルギーが変わってしまいます。住んでいる人間が場所のエネルギーを変えてしまうので、人間が気をつけないといけないのです。

隈本 日本の明治時代から昭和にかけての偉人で南方熊楠（注）という人がいます。この人は粘菌という原生生物のアメーバのようなものを研究していました。その中で環境と生物は分離できない形でつながっていると言っています。そのことから人間と環境は切り離すことができないということを知るのです。日本で初めてエコロジーという言葉を紹介した人で、後に熊野古道を守った人なのです。生物の研究から、生物と環境とは切っても切れない、だから環境をむやみやたらに壊してはいけないと主張したのです。

（注）南方熊楠氏（みなかた くまぐす、一八六七年～一九四一年）は、日本の博物学者、生物学者、民俗学者。生物学者としては粘菌の研究で知られています。

そうした運動を積極的に紹介していたのが、漫画家の水木しげる先生（注）です。水木しげる先生は、環境には妖怪というのがいる。だから環境と共存しなければならないと訴えたかったのです。それで、漫画の中で南方熊楠を紹介し、エコロジーという考え方や、人間は世界とつながっているのだということに気づきましょうという訴えを盛んにされていたのです。

（注）水木しげる氏（みずき しげる一九二二年～二〇一五年）は、「ゲゲゲの鬼太郎」の作家として知られる日本の漫画家です。

節　そうなのですか。

隈本　そうなのです。「ゲゲゲの鬼太郎」の鬼太郎は、もともと墓場鬼太郎という名前なのですが、水木しげる先生は、お化けの鬼太郎を通じて、人間社会の矛盾を訴えるということをされていたのです。人間が、無用に見えるものを壊してしまうといった、愚かなことをしないようにするためのアンチテーゼだったのです。

節さんのブログから抜粋「植物達の愛」

二〇一二年四月十二日のブログから一部抜粋

引っ越してはじめての春。

咲くまでまったく気がつかなかったのですが、アパートメントの前に白いお花をたくさんつける木があったのです。すごくうれしくなって毎日眺めていました。今はお花が終わって緑色の葉っぱ達が目を喜ばせてくれています。

お元気ですか？

ちょっとでも気持ちが下を向いている時は、ぜひ植物達の側に行ってみてください。

街角のお花屋さん、ファーマーズマーケットに出ているプラント（植物）屋さん、近くの公園、大きな公園、ピクニック等々に行ってみて、緑の中で深呼吸してみてください。

すっと、頼もしく優しく立つ木を抱きしめてみる、そのエネルギーに抱きしめてもらう。

もしくは、人知れずオフィスでいつもそっとエネルギーをクレンズ（浄化）してくれているインドアプラント（観葉植物）達にそっと話しかけてみる。

おうちにある少しずつ集めたかわいいプラント達、買って来たばかりのお花達、みんなに目を向け、微笑み、話しかけ、その優しい、だけど力強いエネルギーを感じてみてください。

すばらしいオーラが見えるかもしれません。暖かい空気の違いを感じるかもしれません。微笑み返されたような気持ちになるかもしれません。

なにより、彼らは何も言わなくても皆に平等に、そして心が、身体が、弱っている人達には特に、エネルギーをふんだんに注ぎ、癒してくれているのです。なんとありがたいことでしょう！

そして、悲しいですが、私たちのネガティブなエネルギーを吸って、私たちの代わりに死んで行く植物達もいます。その時は「ありがとうね」と言って、そっと土に返すなりしてあげてください。

地球上でもたくさんの木々や草花がその命で私たちを救ってくれています。深い森の木々も、道ばたに咲く私たち人間に踏まれても微笑んでいるような、誰にも見て褒めてもらえなくても、ひっそりときらきらと咲く草花も、感謝してたいせつにしなくては！ですね。

第九節　引き寄せ方、願い方、祈り方

～究極の祈りは感謝です～

祖父江　引き寄せの法則が流行っていますが、どう思われますか。自分の欲しいものや、ことがらを自分のために願ってもいいのでしょうか？

節　いいんじゃないですか。ただ、エゴが欲しいものを引き寄せることもあると思います。それは、必ずカルマとして返って来ます。

祖父江　「恋人がほしい」「あのテレビがほしい」といったことを願ってもいいんでしょうか？

節　ＯＫだと思いますよ。

ただし、それが他者を傷つけたり、排除したいといったことからの引き寄せならば、たとえ引き寄せたとしてもカルマとして返ってきます。

自分の願いで、「結婚したい、恋愛したい、お金持ちになりたい」と願うこと自体に異論はありません。それに良い悪いはないのです。

でも、欲しいものを得るために「すること、したこと」や、欲しいものを得てから「すること、したこと」によって、カルマになるかならないかが変わってくるのです。どういう根拠で願い、それを、どのように人生の中で使っていくかによるということです。

祖父江　誰かを陥れて、自分だけが一番になりたいといったことを願うと、カルマとして返ってくるということですね。

節　日本語のエゴ＝「エゴイスト」の意味でのエゴだとすると、それは必ずカルマとして返ってきます。

「根拠」と「結果」が大切なのです。

なぜそれを願うか、求めるのかという「根拠」と、それが得られたあと、どう使うかという意味での「結果」です。それが欲しいと思った理由と、それが手に入ったときにどう使っていくか。それによって悪いカルマになるか良いカルマになるかが変わっていくのです。

ですから、汚い心で、利己的に願うのは良くないですね。

「私は弁護士か医者と結婚したいです。よろしくお願いします！」

と願うときに、そういう人と結婚すると、お金持ちになってみんなから尊敬され、自分は一生働く必要もなく、子供達も出世できると考えていたとします。みんなに「誰と結婚したの？」と聞かれ、「医者と結婚したの」と言えば、「え～、すごいね！」と言われるからというような理由で結婚すると、浮気に悩まされ、家には誰もおらず、一人で子育てをしなければいけないといったことを経験することになるかもしれないのです。それが、すぐに返ってきたカルマと言えます。

カルマというのは、つまり学ぶことなのです。学ぶために経験する機会を与えられることがカルマなのです。ですから、ある意味、自分でカルマを引き寄せているのです。

自分が欲するもの、例えば、恋愛したい、結婚したい、お金持ちになりたい等、そうしたことを願うこと自体には良いも悪いもないのです。

祖父江　新月の願いごとはどうですか?占星術では新月から新しいことを始めるといいと言われていて、最近、日本では新月の願いごとが流行っています。

節　新月に願いごとをすることもいいと思います。

新月からは「再スタート」のエネルギーが降り注いでいます。私たち人間は日々の生活の中でいろいろな経験をし、ときには間違いも起こします。新月から満月、そしてまた新月へ、というサイクルの中で、私たちは自分自身に「再スタート」というチャンスを与えることができるのです。そのようなタイミングで願いごとをするのは良いと思います。

それも同じことで、何を願うかということよりも、その願いの根拠と、実際に叶ったあと、自分の人生でその引き寄せた結果をどのように扱っていくかということの方が重要なのです。

祖父江　願ったり、祈ったりするときに気をつけることはありますか?

節　ネガティブな言葉を使わないことですね。「○○になりませんように」という言い方はしないことです。

「今、〇〇が足りない」ということにフォーカスを置いて（集中して）お祈りしてはいけません。

「今これが足りない」、「今これが手に入っていない」ということにフォーカスをしてお祈りをしたら、フォーカスしたことがエネルギーとして宇宙に飛んで行ってしまうのです。足りないことにフォーカスをすると、それが引き寄せられてしまいます。絶対にこうなっていると自分で信じて、それに対して感謝の祈りをするのが確かな方法だと思います。

心から、自分は健康になっていいはずだと信じて、「今、健康であることに感謝します」というと、どんどん細胞が活性化し、生き返って、どんどん身体がよくなり、心も身体もしなやかになっていくのです。

結婚相手を探しているクライアントさんにはこのようにいいます。

「まだ、現実の世界ではその相手は見つかっていないかもしれませんが、今、上の世界では、お互いを守ってくれている人たち、お互いの魂が、もうすでに出会えるように相手を探し始めていたり、そこにはすでに二人が存在していて、これから出会うことになっている、つまり、これから始まるのではなく、もうすでに始まっていると思って、感謝の祈りを捧げてください」

と。

「まだ今、手に入っていない」と思うかもしれませんが、「上の世界で、私たちが見えないところではもうすでに、出会うためにいろんなことが始まっているのだ」ということに意識を置いたら、祈りの言葉が変わってくるのです。

祖父江　例えば、「今日、母がゆっくり眠れますように」と願うとします。「〇〇しますように」というのは、今そうなっていないという意味が含まれているようにも思えます。「母はゆっくり眠れました。ありがとうございます」と過去形で祈った方がいいという話も聞いたことがあります。それはどうでしょうか。そこに気持ちがあればいいということではないのでしょうか。

節　私も、「彼女が今日一日、本当に幸せになってくださいますように」という祈り方をします。それは純粋な願いですよね。それの何がいけないのかと思ってしまいます。叶っていないことについて、このように祈ることはいけないことなのか、こんな祈り方をしているから叶わないのかと聞かれますが、それでいいのではないかと思うのです。

私は、そうした言葉の使い方にこだわるべきなのかどうかはわかりません。「眠れますように」と祈ってあげること自体、善からくるものだと思いますし、そう祈ることで、守ってくれている存在や、祈っている人のエネルギーがやってきて、その人が「眠れる」ということが起こるのです。

だから、無理に過去形で、「今日、母はぐっすり眠れました。ありがとうございます」という必要はないようにも思います。

過去形で祈ろうが、現在形で祈ろうが、「○○しますように」と祈ろうが、その人の本心がどこにあるかが大切だと思うのです。

どこにフォーカスを置くのかということが最も大切なのです。「今出会っていません、私にはどうやって出会ったらいいかが分かりません」といったことにフォーカスしたまま祈ると、「会えていない」ことが引き寄せられ、繰り返されることになるのです。

要するに、「テクニックではない」ということです。

過去形か、現在形か、肯定形か、否定形か。

そういう「テクニック」ではなく、自分が何にフォーカスしているかが最も大切なのです。

フォーカスしているものが引き寄せられてくるのですから。

「今、結婚相手に出会えていない」ということにフォーカスしながら祈るのではなく、「一生、誠実に愛し合える人と出会って結ばれる準備ができている」ということにフォーカスするのです。

「私は病気で苦しんでいます、助けてください」ということにフォーカスするのではなく、「私はどんどん健康になっていきます」ということにフォーカスするのです。

自然に最後には「ありがとうございます」という感謝の言葉しか出てこないのです。

『究極の祈りは感謝』なのです。

祖父江　祈るときは具体的に祈った方がいいのですか？

節　具体的に祈ろうがシンプルに祈ろうが、その根拠とその結果が一番大切です。

例えば、結婚相手を探すときに、「年収はこれくらいで、ハンサムで、お父さんやお母さんはもう亡くなっていて」というようなことを祈るとします。

「お父さんやお母さんはもう亡くなっていて」というのは、姑問題や老後の面倒を避けたいと思って言うことですよね。それはカルマとして返ってきます。

ですから、具体的に祈るにしても、シンプルに祈るにしても、その根拠と、それが叶ったときにその結果をどういうふうに使っていくかが大切なのです。

例えば、お父さんお母さんが亡くなっている人と結婚できたとしても、自分のお父さんお母さんが老後とても大変な状態になり、旦那さんが全く協力してくれず、結婚生活が破綻するというようなカルマとして返ってくるかもしれないのです。そして、そこから自分が願ってしまったことについて、学ぶことになるのです。

内容については、具体的に祈る方がいいのです。

例えば、「別荘が買えますように」と必死で祈っていたとします。

豪邸なのか小さなものなのか、山に建つ別荘なのか海辺に建つ別荘なのか、具体的には祈っていなかったとします。

すると、旦那さんが「海辺の別荘を買ったよ!」と言ってきます。奥さんは「え、私、山にある別荘が良かったんだけど。海は嫌なんだけど」ということになるかもしれません。「山にある別荘」とまで具体的には祈っていなかったからかもしれません。

天としては「別荘が欲しいと言っていたから別荘を与えた」という話なのです。「海とか山とか、具体的には言ってなかったのだから、別荘が手に入ったことを喜びなさい」ということなのです。

結果としては、「山の別荘が欲しかったけど、海辺の別荘が手に入り、海は嫌だと思っていたけれど、実は海が素晴らしかった」と学ぶことになるのかもしれません。それはそれで豊かな人生になるからいいのです。それが結果をどう使うかということなのです。

具体的に祈ることはいいと思います。

ただ、繰り返しますが、根拠と叶った結果の使い方によるのです。

エゴイスティックな、自分勝手な理由で祈った場合は、それは悪いカルマとして返ってくるのです。

祖父江　京セラの創業者で、日本航空を再生させた稲盛和夫さんの「生き方」という本にも、「すさまじく思う」ことが大切で、強く一筋に思い、それが現実になる姿がカラーで見えてくるくらいまで、そして、その結果に至るまでの道筋が、一度通った道であるように見えてくるくらいまで願うことが大切だと書かれています。そして、その願いの中に悪い思いが混ざっていてはいけないと。稲盛さんはご自身に「私心なかりしか」と問われるそうです。利己的な理由ではないかどうか、確認するということですね。

私は稲盛さんをとても尊敬しているので、「カラーで見えるまで」、「私心なかりしか」というのをいつも意識してきました。カラーで見えるというか、実際に、「ストン」と腹に落ちて、心から信じ込めたことは実現するなという実感があります。

逆に、抽象的に「私にとって「最善の」○○が与えられますように」という願い方はどうですか？

節 「最善」というのは、怪我もせず、怒られもせず、失敗もしないということとは限りません。自分にとって「最善」のことというのは、学んで成長することなのです。そして幸福を味わうことなのです。ですから、その人に乗り越えられる力があるならば、「最善」を願うことによって、厳しい試練がくるかもしれません。

「最善」は、その人次第なのです。そのときの自分のレベルが低ければ、その低いレベルから次のところに行くために必要なことが起こるということになるのです。

「最善の人が現れますように」というように祈ってもいいと思いますよ。

でも、宇宙は、その「最善」の内容について、あとから文句を言わないでくださいね、と言いますよね。

大事なのは根拠と結果です。

フォーカスしたこと、集中したことが引き寄せられるので、言葉に出そうが出すまいが、集中したこと、強くフォーカスしたことが来ると思ってください。

クライアントさんのご感想（6）

「節さんのおかげで、引きこもり生活を終え、結婚できました！」

愛知　N様

私は節さんとお会いする前、三年間引きこもり生活をしていました。

私は引きこもっていたとき、毎日朝から晩まで没頭して点描画マンダラを描き、家族や周りからは頭がおかしくなったと心配されていました。節さんに身につけていた自分で作ったマクラメペンダントや点描画マンダラの画像を見せると、これは世に出した方がいい、天才ですね！と嬉しいことに言ってくださいました。

そして「私は結婚できるのか？」と聞いてみたところ、節さんはパートナーの特徴をかなり詳しく教えてくれました。それは、一、年は変わらない、二、物作りをしている人で、大量生産ではなく、一点一点手作りで心を込めて作っている人、三、初めて会うときにグリーンの物を身につけている、四、きなりもキーワード、五、女性のきょうだいがいる、六、とても優しくてハンサム、というものでした。しかも、もう出会うレールに乗ってますよとのこと。でも引きこもりで誰とも会っていないのに、一体どうやって出会うのか。

するると、節さんと会った四ヶ月後、インスタグラムで私がりんごにマンダラを彫刻刀で彫った作品に反応をしてフォローしてくれた一人の男性がいました。その人のインスタのページを見てみると、もの凄いものを作る絞り染め（タイダイ染め）の作家さんでした。

そして私は彼が作る作品をこの目で実際見たいし、パーカーをオーダーして作ってもらいたかったので、横浜から岡崎のお店まで行きました。

待ち合わせ場所で待っていると遠くから、なんと全身グリーン色の服を着た男性が現れました！身につけているクリスタルまでグリーン。そして年齢を聞くと私より一つ下。お姉さんがいる。物作りをしながら自分のお店を持っている。染め物を染める前の生地はきなり。

あ！私のパートナーはこの人だ！と思いました。いた！いた！いた！笑
節さんに言われたままの人が現れて、本当にビックリ・・・。

私たちはインスタで作品を通して出会い、たった四回しか会ったことないけど結婚しました。今は三歳になる可愛い娘もいます。お互い作るものは違いますが、夫婦で刺激し合いこれからも作家として生きていきたいと思います。節さんいつもありがとうございます。

第十節　ワンネスで生きる

ワンネスというのは、生きるということなのです。

ワンネスから離れて生きていくのは、絶対にダメなのです。

世界中のどこかで誰かに起こったことを他人事だと思ってはいけないのです。

自分が思ったことや信じたことが必ず返ってくるのです。

だから、健康で、幸せで、喜んで、エンジョイして、感謝して、仲良く愛し合って、助け合って、成長して、生き生きとして、自然も豊かで、世界が平和で。

生き生きとした私たちの人生。その日その日、毎日が積み重なっての人生。そして自分の一生。

自分の人生と地球を一緒に作っていくのです。

意識をして、目を覚まして、両目を開けて、心の目である第三の目も開いて、しっかりと幸せな人生と地球を作っていきましょう。

節

なぜなら私たちはそうしていくことができるのです。私たちはそれを選んで生きていくことができるのです。

つまりはワンネスで生きてください。

終わりに

見えない世界への興味から始まった今回の対談でしたが、みなさんはどのようにお感じになられたでしょうか。

私は、節さんや隈本先生とのご縁に恵まれ、そして今回、このような本を出版させていただくことができ、心から幸せに感じています。

節さんがおっしゃっていたように、同じ地球に生きていて、同じところに立って、同じニュースを見ていても、捉え方や考え方、それに対する行動は人によって全く違います。ですから、この本を読んで、今、みなさんが感じていらっしゃることも、それぞれに異なることでしょう。

この本を読んで感じたことを、これからどう生かしていくのか、それがあなたの明日を作っていきます。あなたの人生を作っていきます。これからの地球を作っていくのです。

どうか、今、感じていることを忘れないでください。

難しいところがあったかもしれません。時間がたってから読み直すと、また新しい気づきを得られると思います。何度も読み返し、そのたびに自分の内側をゆっくりと、じっと深く見つめ、そこにある「全体」、あなたを包み込む広大で温かく大きな愛に気づいていただけることを祈っています。

二〇二〇年八月

ＡＲＩ占星学総合研究所　祖父江 恵子

著者略歴

Setsu（節）

本名: Setsu Versace Babilonia （セツ ヴェルサーチェ バビロニア）

CEO、スピリチュアル・メッセンジャー&アドバイザー、サイキック、ミディアム

東京・渋谷区生まれ。小児喘息のため山形の日本海側、海と温泉の町で育つ。
現在ニューヨーク在住。

生まれつき霊的能力を授かる。

幼少時代から誰に教わったでもなく自ら病気の人に手をかざし症状を治し、霊や妖精が見えたり、人々、木々、植物等のオーラがすべて見えていた。見えるだけでなく、魂や土地、植物、動物たちから話しかけられていた。

前世でも繰り返し霊的な力を使い人々を助ける役割を果たしており、今世でも人様のお役に立たせていただくことを運命の啓示と受け、某大企業で会長のエグゼクティブアシスタントとして１３年勤めた会社を辞め、2011年、ONENESS IN LOVE INC.を設立。さまざまな状況下で助けを必要としている方々のお役に立ちたいという強い思いからスピリチュアルアドバイザーとしての仕事に専念することになる。

会社設立以来、リーディングやヒーリングセッションのみならず、セミナーやワークショップ、リトリートなどを世界各地で開催するにいたり、活動は広がり続けている。

「一人一人の幸せが世界平和へと繋がる」という信念のもと、性別や年齢、人種や職業にかかわらずすべての人に魂と繋がること、真の力を見出し本当の自分を知ることを、セッションやその他活動を通して伝え続けている。

隈本 健一（くまもと けんいち）

占術研究家

大阪府生まれ。10代から本格的な占術研究に取り組む。セミプロから完全なプロ占術家となったのは1995年4月。
「占いは人生に役立てるもの」をモットーとして、実占と研究に日々取り組んでいる。そのアドバイスは前向きで誠実なことで定評があり、多くのファンを持つ。
専門は西洋占星術、インド占星術、四柱推命、方鑑学、九星気学、家相（活法変地系）、風水術、紫微斗数、易術、観相術（手相、人相）、姓名判断、タロット、数秘術

個人鑑定を行う他、ARI占星学総合研究所占術講師を担当。

祖父江 恵子（そぶえ けいこ）

株式会社グランドトライン代表取締役、ARI占星学総合研究所代表

徳島県徳島市生まれ。大阪外国語大学卒、筑波大学大学院経済学修士。住友信託銀行、ゴールドマンサックス、バークレイズ・グローバル・インベスターズ、ドイツ証券と、国内外の大手金融機関の事務システム部門で部長職等を歴任した後、2014年に独立。東京の自由が丘でエステサロンも経営している。

子供の頃から占いや見えない世界に興味を持っていたが、自身の脳腫瘍の時期を計算で的中させた占いの手法に驚き、2016年に株式会社グランドトラインを設立し、本格的な占星術のスクールを開校するとともに、「スターナビゲーター」という占いソフトウエアの開発に着手。3年間で既に数百万件のホロスコープ作成に活用されている。2019年には世界的に有名な占星術師を日本に招いたセミナーを開催。また占いの専門書を2冊出版し、出版事業を開始。

「本物」にこだわり、本格的な占星術や精神世界を多くの人々に紹介したいという信念を持ち、2020年からサイキックのSetsu氏を日本に紹介している。

ただただ感謝のみです。ひとつひとつのだいじな出会いがこの本を誕生させ、この世に出してくださいました。私を守り導いてくださっている天の存在の方々、この本を手に取り、読んでくださった方々♥。愛すべきクライアントの皆様、そしてこの方がいてくださったからこそこの奇跡が実現しました。超キサ超愛深き恵子さん、少年のようであり、実は四百歳ぐらいだと私は信じている私を救ってくださった天才隈本先生、その笑顔で助けてくださった美苗さん、私の世界を描いたら世界一の剛くん、いつも惜しみなく協力してくれる有美え♪雅恵さん、寝る間も惜しんで大健闘してくれたあやちゃんひなおちゃん♥♥そして、常に励まし助けてくれる我が夫のマドニー、私の命のカイ＆エイジア。アイラブユーオール♥・心からありがとうございました。ワンネス♥ですよ、皆様。

愛をこめて。節。

22%に秘められた真実

発行日	令和 2 年 8 月 8 日	初版第一刷発行
	令和 2 年 8 月 13 日	第二刷発行
著　者	Setsu(節)　隈本健一　祖父江恵子	
発行人	祖父江恵子	
発行所	ARI 占星学総合研究所 東京都港区芝 2-9-5　ワースリビング FKO ビル 401 TEL. 03-6425-7265 FAX. 03-6809-6046 HP　https://arijp.com E-mail　info@arijp.com	

編　集	祖父江恵子
デザイナー	井上 剛
DTP	渡邊美苗
協　力	ONENESS IN LOVE INC.
印刷所	株式会社イシダ印刷

ISBN 978-4-9910543-2-7

ARI占星学総合研究所の本

ハーフサムとは1940年頃にドイツの占星家ラインホルト・エバーティン氏がまとめた考え方で、天体と天体の中間点に占星術的に意味のある感受点があるとするものです。本書では、著者である工藤明彦氏が、その師である門馬寛明氏の指導及び40年に及ぶ実践・研究を経て、エバーティン氏の解釈に独自の修正を加え、三つの天体・感受点が作り出す意味を事典として整理しています。「スターナビゲーター」によるハーフサムの計算方法も解説しています。ホロスコープの解釈のヒントとしてご活用ください。

ハーフサム事典

工藤　明彦著
本体8,000円＋税　B5版　186ページ
2019年10月３日初版発行　2020年6月２８日第３刷発行
ISBN 978-4991054303

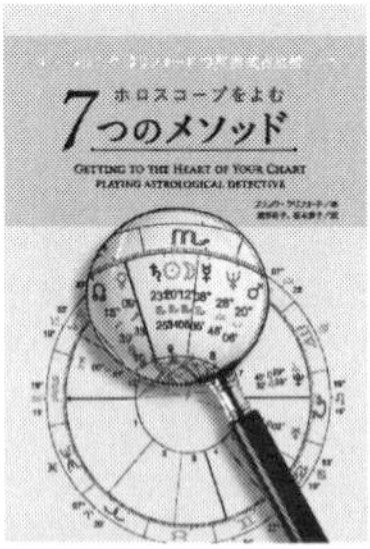

ホロスコープを前にして、途方に暮れていませんか？あるいは、さまざまな技法や読み方を使って、混乱してしまっていませんか？この本は、占星術の初心者や学生、またはプロの占星家が、どんなホロスコープからもその重要な要素や特徴、物語の筋書きを素早く見つけ出す手助けになるようにつくられています。

世界的に有名な占星家でロンドン・アストロロジー・スクールの校長でもあり、多数の著書のあるフランク・クリフォード氏の著書の日本語訳です。

フランク・クリフォードの英国式占星術
ホロスコープをよむ７つのメソッド

フランク・クリフォード著　浦谷計子/坂本貴子 訳
本体5,800円＋税　B5版　300ページ
2019年11月27日初版発行　2020年2月1日第2刷発行
ISBN 978-4991054310